Claire Rodier

Xenophobie Business

W0046068

UNRAST

Claire Rodier ist eine französische Journalistin, Juristin und Mitbegründerin des europäisch-afrikanischen NGO- und Informations-Netzwerks *migreurop*. Sie ist Autorin und Herausgeberin zahlreicher Publikationen zu den Themen Migration, Asyl und Menschenrechte.

Claire Rodier

Xenophobie Business
Wer profitiert vom Grenzregime?

Aus dem Französischen von Julia Schaefermeyer

UNRAST

Bibliografische Information der Deutschen Bibliothek
Die Deutsche Bibliothek verzeichnet diese Publikation in der Deutschen
Nationalbibliografie; detaillierte bibliografische Daten sind im Internet
über http://dnb.ddb.de abrufbar.

Claire Rodier
Xenophobie Business
ISBN 978-3-89771-578-3
1. Auflage, März 2015

© UNRAST-Verlag, Münster
Postfach 8020 | 48043 Münster | Tel. (0251) 66 62 93
info@unrast-verlag.de | www.unrast-verlag.de
Mitglied in der assoziation Linker Verlage (aLiVe)
Copyright der Originalausgabe © 2012 Editions La Découverte, Paris
Xenophobie Business. A quoi servent les contrôles migratoires?

Umschlag: Unrast Verlag, Münster
unter Verwendung eines Fotos aus dem Film ABENDLAND
von Nikolaus Geyrhalter, Österreich 2011,
© Nikolaus Geyrhalter Filmproduktion GmbH
Satz: Andreas Hollender, Köln
Druck: CPI – Ebner & Spiegel, Ulm

MIX
Papier aus verantwor-
tungsvollen Quellen
FSC® C006701
FSC
www.fsc.org

Inhalt

Einleitung

Die Idee für dieses Buch entstand aus einer Feststellung und einer Frage. In den zwanzig letzten Jahre des vergangenen und den Anfängen des 21. Jahrhunderts hat sich die Einwanderung nach und nach zu einem Thema entwickelt, das Polemik entfacht und selten aus den Schlagzeilen verschwindet. Es stimmt, dass sich die Zahl der Migrant_innen auf dem ganzen Planeten seit den 1960er Jahren verdreifacht hat. Aber man könnte zu dem Schluss kommen, dass diese zahlenmäßige Entwicklung in der Natur der Dinge liegt: Schließlich war und ist die Mehrzahl der Wanderungsbewegungen in den letzten Jahren wie auch heute für alle absehbar, die das Weltgeschehen im Auge haben. Davon zeugt auch die jüngste Geschichte mit dem sinnbildhaften Exodus aus Syrien. Die Ankünfte von Migrant_innen an den südlichen Grenzen Europas, manchmal als »massiv« bezeichnet und von seinen Einwohner_innen als Gefahr wahrgenommen, sind alles andere als unerwartet. Zwischen dem Beginn des Konflikts im Frühjahr 2011 und dem Ende des Jahres 2013 schätzt man die Zahl der Menschen, die aus Syrien fliehen mussten, auf über 3,5 Millionen. Ein Großteil von ihnen hat in den Nachbarländern Zuflucht gefunden: Im Libanon, in Jordanien und in der Türkei, wo die Überbevölkerung ihre Lebensbedingungen immer schwieriger werden lässt. Europa hat sich als herzlich wenig gastlich erwiesen: Die Mehrzahl der EU-Länder, mit Ausnahme Deutschlands und Schwedens, hat ihre Tore vor den Geflüchteten aus Syrien verschlossen. Deshalb versuchen immer mehr von ihnen, sich Zutritt zu verschaffen, indem sie, unter Einsatz ihres Lebens, das Mittelmeer überqueren: Im Jahr 2013 machte diese eine Nationalität mehr als 20 % der Fälle »unbefugten Grenzübertritts« in der EU aus. Und die Zahl der Schiffbrüche, denen Syrer_innen zum Opfer fallen, steigt unaufhaltsam. Kann einen das wundern?

Trotzdem wirkt es gerade so, als wären die menschliche Migration ansonsten ein völlig unerklärliches, oder zumindest unmöglich vorhersehbares Phänomen. Dazu kommt obendrein die überraschende Neigung, insbesondere von denen, die die »Migrationsströme« zu »steuern« versuchen, diese als Bedrohung darzustellen und immer wieder energische Maßnahmen zu versprechen, um ihrer Herr zu werden. Ohne jemals den Eindruck zu vermitteln, dass es ihnen gelingt.

Die großen internationalen Umwälzungen, die den Unabhängigkeitsbewegungen und schließlich dem Zusammenbruch des sowjetischen Blocks folgten, haben seit den 1960er Jahren Hunderte Millionen Menschen überall auf der Welt zur Auswanderung getrieben, vor allem in Richtung der Länder des Westens. Anstatt diese Wanderungsbewegungen als logische Konsequenz eines Jahrhunderts der Unordnung und Herrschaft zu verstehen und zu versuchen, Ad-hoc-Antworten auf diese neuen Gegebenheiten zu finden – zum Beispiel auf Basis einer gerechten Verteilung der weltweiten Ressourcen – bemühten sich die Regierenden mit dem Bau von Schranken, um sich vor diesen »Eindringlingen« zu schützen. In Wirklichkeit sind diese Schranken, ob sie legaler (Visa), physischer (Mauern) oder virtueller Natur sein mögen, fernab von unüberwindbar: ein nicht zu vernachlässigender Anteil der als unerwünscht eingestuften Migrant_innen schafft es, sie zu überwinden.

Dafür gibt es mehrere Gründe. Zunächst ist eine völlige hermetische Verriegelung der Grenzen für »Illegale« schwer zu konzipieren, ohne den freien Verkehr von dem, wovon die Globalisierung lebt, zu gefährden. Außerdem ist, entgegen des offiziellen Diskurses, nicht sicher, ob das Ziel wirklich darin besteht, sie alle hinter den Grenzen zu halten. Es ist bekannt, dass die Wirtschaften der industrialisierten Länder nicht ohne eine Reserve an flexiblen und leicht auszubeutenden Arbeitskräften auskommt – die *Sans Papiers* entsprechen diesem Bedarf. Letztlich bleibt die Mobilität, selbst die eingeschränkte, ein Ventil, eine notwendige Art der Anpassung auf Krisen, die die internationale Gemeinschaft nicht zu lösen vermag – wie bestimmte Konflikte oder Naturkatastrophen. Und dennoch vergeht, in dieser immer mobileren Welt, kaum eine Woche, in der nicht irgendwo ein neues Mittel zur Einwanderungskontrolle erfunden wird. Warum?

Je mehr die Grenzen verwischen, desto schärfer werden sie überwacht

Als paradoxe Begleiterscheinung der globalen Vergesellschaftung beinhalten Einwanderungskontrollen zwei Widersprüche. Der erste besteht in der Tatsache, dass sie sich proportional zur zunehmenden internationalen Mobilität verstärken. Seit dem letzten Drittel des zwanzigsten Jahrhunderts haben die Ausweitung des wirtschaftlichen Austauschs, die Zunahme der zivilen Nutzung des Lufttransports und die bahnbrechenden technischen

Fortschritte im Bereich der Telekommunikation Entfernungen nichtig werden lassen und bestimmte Funktionen von Grenzen, wie Zollbeschränkungen, verschwinden lassen. Tatsächlich haben sich mehrere Regionen der Welt organisiert, um dieses Verschwinden in einen gesetzlichen Rahmen zu gießen, so geschehen im Falle der Europäischen Union und des NAFTA, das Kanada, die USA und Mexiko verbindet, oder des Mercosur in Südamerika. Grenzregime hörten indes nicht auf, sich weiterzuentwickeln. Die Gründung der europäischen Grenzschutzagentur Frontex, das Voranschreiten des Mauerbaus zwischen den USA und Mexiko, der Einsatz von Marinepatrouillen auf dem Mittelmeer, um aus Nordafrika kommende Boatpeople abzufangen, oder auch der Einsatz technischer Hilfsmittel wie Körperscanner und biometrische Passkontrollen an Flughäfen sind Anzeichen dafür, wie wichtig Staaten die Überwachung der Grenzen ihres Hoheitsgebiets ist.

Die gleichzeitige Schaffung eines Raums des freien Daten-, Güter- und Finanzverkehrs auf der einen und des Schengenmechanismus auf der anderen Seite ist sinnbildlich für diese antagonistischen Tendenzen. Erstere hatte zum Ziel, durch die Aufhebung der inneren Grenzen den freien Güter-, Waren-, Kapital- und Personenverkehr zwischen den Mitgliedsländern der Europäischen Gemeinschaft (wie die spätere EU noch hieß, als das Schengener Abkommens 1986 in Kraft trat) sicherzustellen. Der Schengenmechanismus wurde zwischen der Unterzeichnung des Schengener Abkommens 1985 und der gleichnamigen Konvention im Jahre 1990 als Grundlage für die Organisation einer polizeilichen Antwort auf das durch ebenjene Aufhebung der Grenzen entstandene ›Sicherheitsdefizit‹ entwickelt. Vor allem galt es sicherzustellen, dass niemand von den Vorteilen der Freihandelszone profitiert, der nicht aus einem zum ›Schengener Club‹ gehörenden Land stammt, zu dem heute die Großzahl der Mitgliedsstaaten der EU gehören. Anstatt sich auf den Schutz der Außengrenzen eines abgeschirmten Europa zu beschränken, setzt Schengen in Verbindung mit den dazugehörigen Mechanismen wie der Eurodac-Datenbank[1] ein virtuelles Filtersystem in Gang, das es erlaubt, jene, die sich im Inneren frei bewegen dürfen, von allen anderen, somit als unerwünscht Verurteilten, zu unterscheiden. Und nicht

---

1 Eurodac ist eine Datenbank, in der Fingerabdrücke von Asylbewerber_innen und ›Illegalen‹ gespeichert werden. Ursprünglich eingerichtet, um festzustellen, welcher EU-Staat für das Asylgesuch zuständig ist, stehen die Daten seit 2012 auch Polizeibehörden zur Verfügung, Anm. d. Übers.

nur virtuell: Wie im Jahre 2011 angekündigt wurde, soll eine Schengenreform die Wiedereinführung von Kontrollen an den physischen Grenzen der Mitgliedsstaaten in migrationspolitischen Notfällen möglich machen.

Je mehr man kontrolliert, desto mehr muss kontrolliert werden

Der zweite Widerspruch, diesmal ein intrinsischer Widerspruch der Grenzkontrollen selbst, ist ihre Tendenz, sich zu vervielfachen. Die nicht zu leugnende Weiterentwicklung der Einwanderungskontrollen wird von politischen und polizeilichen Erklärungen über die Notwendigkeit, die Grenzen im Namen des Kampfes gegen das organisierte Verbrechen und den Menschenhandel vor irregulärer Einwanderung zu schützen, begleitet. Man scheint immer mehr tun zu müssen, um diesem Ziel gerecht zu werden, sei es aufgrund eines steigenden oder eines drohenden oder eines massiven Zuwanderungsdrucks, je nach Kontext und Diskurs. Sei es also, um zu verhindern, dass »die Grenzen genutzt werden, um das Land mit illegalen Arbeitern zu überschwemmen«, dass die israelische Regierung eine Mauer an der Grenze zu Ägypten bauen lässt; um dem »massiven Zustrom« von Migrant_innen Herr zu werden, dass erst Griechenland 2011 und später Bulgarien 2013 diesem Beispiel folgten; weil sie, im Hinblick auf den ›Einwanderungsdruck‹ auf Europa erst die Auswirkungen des arabischen Frühlings und später des Konflikts in Syrien fürchteten, oder dass die Europäische Kommission beschloss, die Kontrollen in der betroffenen Zone des Mittelmeers zu intensivieren. Man könnte meinen, dass diese Initiativen von dem Streben nach Effizienz geleitet sind. Im Angesicht der Vielzahl der in den letzten Jahren getroffenen Maßnahmen scheint es sich jedoch eher so zu verhalten, dass im Gegenteil jede neue Maßnahme – anstatt die versprochene Sicherheit zu gewährleisten – den alleinigen Zweck hat, die Schwächen und Unzulänglichkeiten der vorangegangenen Maßnahmen aufzuzeigen, und nur das Ziel verfolgt, die kommenden Maßnahmen zu rechtfertigen.

Tatsächlich gibt es, wenngleich der Zugang zu verlässlichen Zahlen aufgrund der starken ideologischen Aufladung von Fragen im Zusammenhang mit Migration schwierig ist, keinen wirklichen Anlass zu glauben, dass die von den reichen Ländern unternommenen Anstrengungen, die Mobilität von Menschen auf der Suche nach Schutz oder einem besseren Leben zu kanalisieren, von Erfolg gekrönt sind. Oder anders gesagt: angenommen, dass sie es zum Teil sind – was rein zahlenmäßig der Fall sein mag, und sei es nur aufgrund der Vielen, die während ihrer Auswanderung zu Tode kommen[2] –, so scheint dieser Faktor keinen Einfluss auf das weitere Vorgehen der Politik zu haben. Gerade so, als sei die Notwendigkeit der Einrichtung neuer Grenzschutzmechanismen ungeachtet der Effizienz der bereits existierenden ein naturgegebener Imperativ. Die jährlichen Berichte der bereits erwähnten Agentur Frontex strotzen vor Zahlen, die eine unmöglicher zu verifizieren als die nächste. Sie halten, um sich für ihren eigenen Erfolg zu rühmen, die Anzahl von Festnahmen >illegaler Migrant_innen< an diesem oder jenem Grenzposten fest, von Zutrittsverweigerungen zum europäischen Territorium gegenüber Personen ohne die nötigen Dokumente für den Grenzübergang, die Anzahl maritimer Einsätze, die zu so und so vielen Festnahmen geführt haben, von Aushebungen von Schleusernetzwerken und so weiter. Aber man findet in den Berichten von Frontex ebenso wenig die Spur einer umfassenden Evaluation ihrer Wirksamkeit im Sinne einer Kosten-Nutzen-Rechnung wie in den Bilanzen derjenigen europäischen Institutionen, die die Agentur finanzieren und von denen sie abhängt. Ohne auch nur von den menschlichen Kosten ihrer Interventionen zu sprechen, wäre es interessant, die Anzahl von neuen Migrationsrouten zu erfahren, die sich jedes Mal öffnen, wenn Frontex einen Grenzübergang dichtmacht. Immerhin handelt es sich um eine Realität, die das Ausmaß der proklamierten Resultate relativiert. Die zur Schau gestellte Selbstzufriedenheit scheint in erster Linie dazu zu dienen, die Erhöhung der menschlichen und materiellen Ressourcen zu rechtfertigen, die Frontex für ihren Kampf gegen die irreguläre Einwanderung zur Verfügung stehen. Im Laufe der ersten zehn Jahre ihres Bestehens hat sich ihr Budget von anfangs 6,3 Millionen Euro im Jahre 2005 verfünfzehnfacht.[3]

Geschichten von Macht und dem großen Geld

Dieser Eindruck eines endlosen Laufs zu einem Ziel, das wie eine Fata Morgana nie erreicht wird und von dem in alarmierenden Diskursen sogar immer wieder suggeriert wird, dass es sich entfernt, wirft Fragen über die wahren Funktionen von Einwanderungskontrollen auf. Wenn sie, anders als

---

2   Zwischen 1993 und 2014 zählte man mehr als 20.000.
3   2015 wird das Frontex-Budget bei über 100 Millionen Euro liegen; Anm. d. Übers.

ihre Befürworter_innen – Politiker_innen, Polizist_innen und Expert_innen verschiedenster Art – behaupten, nur sehr marginal dazu beitragen, die Mobilität von Migrant_innen zu unterbinden oder den ›Migrationsstrom‹ zugunsten einer geplanten Organisation der Zuwanderung umzuleiten, wozu dienen die Kontrollen dann? Im Folgenden werden einige mögliche Antworten auf diese Frage skizziert, die sich aus dem Tagesgeschehen der letzten zehn, fünfzehn Jahre ableiten lassen – nicht nur, aber hauptsächlich in Europa.

Eine der möglichen Erklärungen stützt sich auf die wachsende Rolle der ›Sicherheitsindustrie‹, hier definiert als derjenige Wirtschaftszweig, der von den immer ausgeklügelteren Abschottungssystemen an den Grenzen profitiert. Lange Zeit behandelte man die Frage der ›Migrationsindustrie‹ nur, um die kriminellen Netzwerke zu beschreiben, die ausnutzen, dass ›Illegale‹ gezwungen sind, immer stärker überwachte Grenzen zu überqueren. Die Thematik der Schleuser und anderer Menschenhändler verdeckt jedoch eine ungleich lukrativere Form der Ausbeutung von Migration, die ihrerseits von den Regierungen selbst unterstützt wird, da sie den Maßnahmen des ›Migrationsmanagements‹ dient.

Die derzeitigen Ausprägungen dieses Managements liefern seit ungefähr fünfzehn Jahren eine sprudelnde Quelle des Profits, die ohne Zweifel weit davon entfernt ist, zu versiegen. Es handelt sich um die Gewinne, die aus der Weiterentwicklung der Sicherheitstechnologie im Sektor der Grenzüberwachung gezogen werden. Der Markt der Drohnen, der seit zehn Jahren in diesem Bereich boomt, ist sinnbildlich für diesen Prozess. Nach dem Vorbild der Vereinigten Staaten und ihrer Nutzung der Drohnen an der Grenze zu Mexiko wird die Europäische Union diese unbemannten Luftfahrzeuge einsetzen, um die Überwachung ihrer eigenen Grenzen sicherzustellen. Im Januar 2015 kündigte die Europäische Kommission an, sie habe 20 Millionen Euro für Flugtests freigegeben – die auf Drohnen spezialisierte Militärindustrie freut sich schon auf den riesigen Profit. Das ›Business‹ der Migration umfasst aber auch all das, was die Gesetzgebung zu Aufnahme, Unterbringung, Inhaftierung und Abschiebung von Ausländer_innen in den Aufnahmeländern abwirft. Spitzentechnologie im Bereich der Fernüberwachung, private Unternehmen, die sich auf die Verwaltung von Abschiebelagern und die Organisation von Abschiebungen von Ausgewiesenen spezialisiert haben, zivile Wiederverwertung von heutzutage oft nicht ausgelastetem militärischem Gerät und Know-how; das erste

Kapitel dieses Buches liefert einige Beispiele für die Märkte, die sich in Reaktion auf das politische Programm des Kampfes gegen die irreguläre Einwanderung entwickelt haben – in Reaktion, oder eher im Zusammenspiel, wenn nicht gar in Absprache mit denen, die die Weichen für dieses politische Programm stellen. Wäre es in Anbetracht der Interessen, die auf dem Spiel stehen, nicht möglich – das ist die These, die wir unterstützen –, dass die marktwirtschaftlichen Akteure eine treibende Kraft, wenn nicht sogar die zentrale Triebfeder für diese Politik sind? Das System Eurosur, das mit einem beachtlichen Budget dotiert im Dezember 2013 als Reaktion auf die Dramen eingerichtet wurde, bei denen kurz zuvor mehrere Hundert Boatpeople ertrunken waren, illustriert dies: Es bedient sich der fortgeschrittensten Technologien, um die Kommunikationssysteme der Grenzbehörden der Mitgliedsstaaten zusammenzuschalten, womit es einen Markt füttert, der sich pausenlos selbst erneuert.

Im zweiten Kapitel sollen die ideologischen Funktionen des Grenzregimes herausgearbeitet werden. Genauer gesagt, geht es um die Art, wie Einwanderungskontrollen als Reaktion auf die angebliche öffentliche Angst vor einer Bedrohung dargestellt werden, die regelmäßig unter Verwendung von Bildern wie der Invasion von schmarotzenden Migrant_innen oder dem Anstieg der Ausländerkriminalität heraufbeschworen wird. Man denke beispielsweise an den Umgang Italiens und Frankreichs mit Angehörigen von Roma-Gemeinden, an den Bau von Mauern in zahlreichen Grenzregionen und an die steigende Kriminalisierung von irregulärer Einwanderung ganz allgemein. Hier kommt die altbewährte Logik des Sündenbocks zum Vorschein: In Zeiten der wirtschaftlichen und sozialen Krise, die den Anfang des Jahrhunderts zeichnen, erlaubt die »Manipulation der Moral« (Zygmunt Bauman) einer Macht, die nicht in der Lage ist, Lösungen für die Probleme der Bevölkerung zu präsentieren, ihre Autorität – ›ich kann euch beschützen‹ – durch das Aufzeigen von Schuldigen zu festigen: jenen, die unsere Grenzen überqueren wollen. Die sich seit Jahrzehnten ständig wiederholenden Meldungen über Wundermittel zur Abwehr der drohenden Horden, ohne dass ihre Effektivität je erwiesen wurde – genau so wenig, im Übrigen, wie die reale Existenz jedweder Bedrohung –, sowie die erhöhte Frequenz dieser Meldungen in Wahlperioden sind Anzeichen dafür, dass die Bedeutung ebendieser Logik des Sündenbocks ein ausschlaggebender Faktor für die Fortentwicklung von Einwanderungskontrollen darstellt.

Im dritten Kapitel werden wir versuchen, die ›geopolitische‹ Dimension der Kontrollen herauszuarbeiten, indem wir untersuchen, welchen Platz sie bei diplomatischen und strategischen Verhandlungen zwischen Einwanderungsregionen beziehungsweise -ländern und Auswanderungs- bzw. Transitländern einnehmen. Die Beziehungen Europas zu seinen Nachbarn stellen dafür ein hervorragendes Forschungsfeld dar. Davon zeugen beispielsweise die Mauscheleien der EU und Italiens mit Libyen, damit Letzteres die Rolle des Grenzschützers spielt, die Erpressung der Länder Osteuropas und des Balkans mit »Visumserleichterungen« sowie die Migrationsabkommen zwischen Spanien und dem Senegal. Hier bietet sich die Gelegenheit, den aktuellen Trend der »Externalisierung« der Verwaltung des Grenzregimes zu beleuchten, im Zuge derer die reichen Länder – jene, die Migrant_innen anziehen – die Überwachungs- und Kontrollaufgaben an jene Länder abgeben, aus denen diese aufbrechen oder die sie durchqueren. Die so entstehende Auslagerung der Kontrollen (das Territorium der EU erstreckt sich heute nicht nur bis Spanien sondern bis nach Marokko, Mauretanien und in den Senegal; nicht nur bis Griechenland, sondern bis in die Türkei und den Iran) zeugt einerseits von der Absicht, andere die ›Drecksarbeit‹ machen zu lassen, und fügt sich andererseits in ein vielgestaltiges Herrschaftssystem ein, das in der Kolonialisierung auf die Spitze getrieben wurde: beherrschen durch begrenzen.

Leser_innen könnten diese Aufteilung als willkürlich empfinden. So sind die Mauern an den Grenzen, die hier im zweiten Kapitel behandelt werden, mehr als eine ideologische Waffe. Sie sind ebenso Quelle des Profits und Zeichen des Machtverhältnisses zwischen den Staaten, die sie erbauen, und den Staaten, denen ihre Präsenz aufgezwungen wird. Man hätte sie demnach auch im ersten oder im dritten Kapitel behandeln können. Die Vermischung von Einwanderung und Terrorismus ist jedoch nicht nur ein rotes Tuch, das Politiker_innen mit mangelnder Legitimation schwenken. Sie passt sich der Funktionsweise der Marktwirtschaft an, indem sie beispielsweise den Wettlauf um Spitzentechnologien der Überwachung und Datenerfassung vorantreibt. Andererseits vermögen diese ökonomischen Mechanismen nicht allein die Privatisierung jener Unternehmen zu erklären, die die Rückführung der abgewiesenen Migrant_innen organisieren und zur Banalisierung der Abschiebung beitragen. Man hätte ebenso gut eine andere Unterteilung der vier Kapitel vornehmen können. Die zentrale Frage ist jedoch eine andere. Es geht in erster Linie darum, wie mit einem

Vergrößerungsglas bestimmte versteckte Interessen hinter den Einwanderungskontrollen zu erkennen. Im letzten Kapitel wird dann anhand zweier symbolhafter Beispiele, der Grenzschutzagentur Frontex und der Industrie der Asylgefängnisse, deutlich werden, wie diese unterschiedlichen Interessen sich zuarbeiten und sich vermischen.

Es wäre übertrieben, den Einwanderungskontrollen die Erfüllung der Zwecke der Überwachung und Abschreckung, zu denen sie konzipiert wurden, vollends abzusprechen. Das wäre, als würde man die Realität leugnen, die die Millionen von Menschen nur zu gut kennen, die tagtäglich von der Mauer zwischen Mexiko und den Vereinigten Staaten aufgehalten werden, im Sahel verschollen gehen, im Golf von Aden oder in der Straße von Messina Schiffbruch erleiden, zwischen Algerien und Marokko von Schleusern erpresst werden, sich unter den Achsen eines Sattelschleppers zwischen Calais und Dover verstecken; all jener, für die der Weg ins Exil einem gefährlichen Hindernisparcours gleichkommt und die ihr Ziel womöglich nie erreichen. Trotzdem gilt es festzuhalten, dass die Überwachung der Grenzen sehr wohl anderen Interessen dient als jenen, die sie zu erfüllen vorgibt. Und dass diese Interessen, indem sie alle anderen überschatten, jede sinnvolle Betrachtung der Organisation dieser Welt unterminieren, einer Welt, in der die Menschen nie aufhören werden, Grenzen zu überqueren.

1
Der große Sicherheitsmarkt

Ohne Papiere von China nach Frankreich reisen? Immer riskanter. Und immer teurer: Die Kosten für so ein Unterfangen, zu Anfang des Millenniums auf 20.000 Euro geschätzt, haben sich in weniger als fünf Jahren verdoppelt, wie zwei Wirtschaftswissenschaftler ohne böse Hintergedanken errechnet haben.[4] Dieser Anstieg sei eine der Auswirkungen des Kampfes der westlichen Regierungen gegen die klandestine Einwanderung, erklärten sie. Von der zunehmenden Gefährlichkeit des Wegs profitieren zuerst und vor allem die Schleuser und Netzwerke organisierter Kriminalität, auf die potenzielle Migrant_innen angewiesen sind.

In ihrer Studie zeigen die beiden Ökonomen den »perversen Effekt« dieser repressiven Politik auf. Eine offenere Haltung gegenüber Einwanderung würde laut ihrer Einschätzung zu einer Schmälerung der Gewinne dieser mafiösen Organisationen führen und somit zu mehr Sicherheit für alle Beteiligten. Leider vernachlässigen die beiden Wissenschaftler in ihrer Argumentation eine sehr viel respektablere Kategorie von ›Schleusern‹, für die die Perfektionierung der Grenzkontrollen eine wahrhafte Goldgrube darstellt: all jene ›regulären‹ Wirtschaftssektoren, die einen finanziellen Vorteil aus der Verwaltung der ›irregulären‹ Einwanderung ziehen.

Indem sie die Routen der Menschen, die zum Überqueren von Grenzen gezwungen sind, mit mehr und mehr Fallstricken versehen, füllt die Migrationspolitik in erster Linie die Taschen von Sicherheitsprofis, namentlich die der Manager_innen von Auffang- und Abschiebelagern und von Unternehmen, die Wachen und Eskorten für Abschiebungen organisieren. Vor allem jedoch sind sie ein Geschenk für Waffenfabrikant_innen und die Köpfe der Luftfahrt- und Hightechindustrie, für die die Sicherung der Land-, Luft- und Seegrenzen einen schier unbegrenzten Absatzmarkt darstellt.

---

4   Guido Friebel/Sergueï Guriev: »Un bon plan pour les passeurs«, Le Monde, 20. November 2006.

G4S[5], die Söldner des Migrationsmanagements

Am 12. Oktober 2010, kurz vor 20 Uhr, als die Passagiere von British-Airways-Flug BA 77 von London nach Luanda mit dem boarden beginnen, sind vier Personen bereits im Flugzeug. Kurze Zeit vor den restlichen Passagieren sind drei Agenten der privaten Sicherheitsfirma G4S und der angolanische *Sans Papiers*, mit dessen Abschiebung sie beauftragt sind, eingestiegen. Jimmy Mubenga wehrt sich, er will nicht nach Angola abgeschoben werden. Er protestiert und verteidigt sich, zuerst lautstark, dann immer schwächer. Von seinen Bewachern festgehalten, hört man ihn, während das Flugzeug auf die Startbahn zurollt, klagen, dass er nicht atmen kann. Dann ist die Ruhe wiederhergestellt. Doch die Maschine wendet und kehrt zurück zu ihrem Ausgangspunkt. Ein Reisender, der in derselben Reihe sitzt, sieht wie die Sicherheitsbeamten Jimmy Mubengas Puls an Hals und Handgelenken kontrollieren, er findet, sie wirken beunruhigt. Ein Notarzt wird gerufen. Der leblose Passagier wird aus dem Flugzeug ins Krankenhaus gebracht, wo sein Tod offiziell festgestellt wird.[6]

Erstickungstod

Auf Nachfragen der Presse bestätigte die britische Grenzschutzagentur (UK Border Agency) den Tod eines Häftlings angolanischer Staatsangehörigkeit, nachdem dieser bei seiner Rückführung ohnmächtig geworden sei. Die erste Autopsie lieferte keine Erklärung für die Todesursache. Auch der Sohn des Opfers konnte es sich nicht erklären, für ihn war sein Vater ein kräftiger Mann bei bester Gesundheit und ohne medizinische Vorgeschichte. Die erste Festnahme der drei Sicherheitsangestellten diente lediglich ihrem Verhör >in Verbindung< mit dem Todesfall, sie wurden gegen Kaution freigelassen. Der Tod Jimmy Mubengas blieb ungeklärt. Doch es gibt ernsthaften Grund zu der Annahme, dass er im direkten Zusammenhang mit seiner Behandlung an Bord des Flugs BA 77 steht. 2006 wurde die Firma G4S, die beim Home Office (dem Äquivalent des Innenministeriums) für die Abschiebung von Ausländer_innen vom britischen Hoheitsgebiet unter

---

5   Das Deutschlandgeschäft von G4S wurde von der Firma Securitas aufgekauft, Anm. d. Übers.

6   Ein ähnlicher Fall trug sich 1999 in Deutschland zu, als der sudanesische Flüchtling Aamir Ageeb bei seiner Abschiebung, gefesselt und mit einem Motorradhelm auf dem Kopf, im Lufthansa-Flug LH 588 in Frankfurt am Main von drei Bundesgrenzschutzbeamten durch »massives Niederdrücken« erstickt wurde (vgl. www.aamirageeb.de), Anm. d. Übers.

Vertrag steht, aufgrund der risikoreichen Festsetzungstechniken, die von seinem Personal zum Ruhigstellen der Ausgewiesenen angewandt werden, ermahnt. Damals waren Sicherheitsangestellte von G4S dabei gesehen worden, wie sie einen Migranten brutal nötigten, indem sie seinen Kopf gegen den Sitz vor ihm drückten. In einem Rundschreiben an alle Angestellten von G4S betonte das Home Office, dass eine solche – »*carpet karaoke*« genannte – Position Atemprobleme bis hin zum Erstickungstod auslösen könne.

Vier Jahre später bestätigte die Zeugenaussage eines Kameruners, der kurz vor dem Tod Jimmy Mubengas unter massiver Gewaltanwendung nach Nairobi abgeschoben wurde, dass die als gefährlich eingestuften Zwangsmaßnahmen noch immer bei Abschiebungen aus dem Vereinigten Königreich angewandt wurden. Dem Journalisten des *Guardian*, der ihn interviewte, erzählte er, dass man ihm bei der Abreise in London die Arme und Beine fesselte, um ihn »wie ein Reisigbündel« ins Flugzeug zu tragen, wo Wächter, auf ihn gestützt, so lange seinen Kopf gegen den Sitz vor ihm drückten und ihm dabei den Mund zuhielten, bis er das Bewusstsein verlor und von einem Arzt wiederbelebt werden musste.

Zwei Wochen nach der Tragödie von Flug BA 77 verlor die Firma G4S den Zuschlag für den Abschiebemarkt, auf den sie seit 2005 ein Monopol innehatte. Ihre Führung erklärte, dass sie den Verlust des Vertrags, der ihnen um die 110 Millionen Pfund (125 Millionen Euro) in fünf Jahren eingebracht hatte, an die Konkurrenzfirma Reliance Secure Task Management bedaure, jedoch die Versicherung erhalten habe, dass die Wahl der britischen Regierung nichts mit den »aktuellen Geschehnissen« (dem Tod Jimmy Mubengas) zu tun habe, sondern aus rein wirtschaftlichen Erwägungen erfolgt sei. Im Übrigen dürfte dieser Einkommensausfall das finanzielle Gleichgewicht von G4S nicht weiter stören. Allein im Vereinigten Königreich unterhält G4S vier Gefängnisse, vier große Haftanstalten für Asylbewerber_innen und Migrant_innen und zahlreiche kleine Zentren für kürzere Haftaufenthalte. Da sie außerdem mit 40.000 Angestellten und Umsätzen in Höhe von mehr als einer Milliarde Pfund zahlreiche Sektoren, wie beispielsweise Wachdiensttätigkeiten, Flughafensicherheit, Verwaltung von Schulgebäuden, Gefangenentransporte, Geldtransporte und so weiter bedient, ist sie die unangefochtene Nummer eins der Sicherheitsfirmen in Großbritannien und Irland. Vor allem jedoch gehört G4S zu der kleinen Gruppe von multinationalen Konzernen, die auf globaler Ebene den Großteil der privaten und outgesourcten Sicherheitsindustrie unter sich aufteilen, in der das Migrationsmanagement, insbesondere in der angelsächsischen Sphäre, einen immer zentraleren Platz einnimmt. Als ehemalige Group 4 Securicor ist G4S das Produkt von seit 2000 voranschreitenden Fusionen und Aufkäufen, die ihr heute den ersten Platz in ihrer Branche einbringen. 2011 war sie mit Aktivitäten in mehr als einhundertzehn Ländern und mehr als 600.000 Angestellten der zweitgrößte private Arbeitgeber der Welt.

Outsourcing von Sicherheitsmissionen

Die Expansion von G4S passt in das Bild der Privatisierung von Sicherheits- und Verteidigungsaufgaben, deren Entwicklung gegen Ende des zwanzigsten Jahrhunderts im militärischen und zivilen Bereich begann. Mehrere Faktoren können zur Erklärung dieser Tendenz beitragen: In zahlreichen Industrieländern wurden durch die Senkung von Verteidigungsetat und Truppenstärke – angestoßen namentlich durch den Zusammenbruch des sowjetischen Blocks und das Ende der Polarisierung der Staatengemeinschaft, zu dem zweifelsohne eine Schwächung der Identifikation vieler Gesellschaften mit ›ihren‹ Nationen hinzukommt – bisher durch die Armee gesicherte Aufgaben dem privaten Sektor übertragen, wodurch neue Märkte entstanden. So liegt der Fall in den Vereinigten Staaten, wo die Zahl der im Militär Beschäftigen im letzten Jahrzehnt des vergangenen Jahrhunderts um 35 Prozent gesunken ist. Auf globaler Ebene wird für denselben Zeitraum von 20 Prozent weniger militärischem Personal ausgegangen, was einen Zustrom von entsprechend ausgebildeten und kompetenten spezialisierten Arbeitskräften auf den Arbeitsmarkt zur Folge hatte. Auf den so entstandenen privaten Sektor wird in den Haupteinsatzgebieten der USA und ihrer Verbündeten – z.B. in Irak und Afghanistan – immer mehr zurückgegriffen. Zu den privaten Sicherheitsfirmen, denen in bestimmten militärischen Interventionen die Rolle von Aushilfspersonal zufällt, kommen private Logistikunternehmen, die den Material-, Kraftstoff- und Waffentransport, die Verpflegung der Truppen, den Aufbau und die Verwaltung von Camps etc. sicherstellen, sowie private Wachfirmen, die zivile Missionen (Überwachung, Kontrollen) übernehmen, um eine immer vielfältigere Nachfrage zu befriedigen. Einige von ihnen kommen heute bei Operationen unter UN-Mandaten wie humanitären Interventionen, Entwicklungs- oder Wiederaufbaumissionen zum Einsatz. Einzelne dieser privaten Sicherheitsfirmen, darunter G4S, haben 2005 Teams nach New Orleans entsandt, um bei der Evakuierung von Opfern des Hurrikans Katrina zu helfen. Wenn man der britischen Presse glauben darf, war es ebenso die Firma G4S, die 2007 der Regierung unter Gordon Brown anbot, eine Taskforce zusammenzustellen, die der staatlichen Polizei im Falle eines terroristischen Attentats oder einer Naturkatastrophe zur Hand gehen könnte. Und es war wiederum G4S, die den Zuschlag für die Sicherung der Olympischen Spiele 2012 in London bekam, für die 13.700 Sicherheitskräfte bereitgestellt wurden.

Die Übertragung von Aufgaben, die traditionellerweise dem Staat zufallen, an private Unternehmen trifft offensichtlich auf wenig Widerstand. Im Hinblick auf die Umsetzung von Einwanderungsgesetzen ist G4S als Hauptdienstleister beispielsweise mit der Verwaltung von Ausländer_innen- und Asylbewerber_innenheimen in Großbritannien betraut. Und wenngleich das Unternehmen 2009 den Markt der Abschiebehaftanstalten in Australien aufgrund zahlreicher Zwischenfälle und Negativschlagzeilen verlor, bei denen G4S-Angestellte fragwürdige Rollen spielten, kümmert sich das Unternehmen weiterhin beispielsweise auf Rechnung der US-Regierung um die Rückführung von Personen, die illegal die Grenze zwischen Mexiko und den Vereinigten Staaten überquert haben, und ist außerdem in Südafrika tätig.

Im Allgemeinen wird die Beschäftigung von privaten Sicherheitsunternehmen von den Regierungen mit Verweis auf wirtschaftliche Erwägungen gerechtfertigt, insofern, als dass der Verzicht auf öffentliche Beamte für dieselben Aufgaben mit erheblichen Einsparungen verbunden sei. Sowohl unter Regierungen der Labour Party wie auch der Tories ist das Vereinigte Königreich seit langer Zeit Vorreiter, was privatwirtschaftliches Engagement in ganzen Wirtschaftszweigen des öffentlichen Sektors angeht. Bedeutend beschleunigt wurde diese Tendenz Ende 2010 von Justizminister Kenneth Clarke, der schon während eines vorherigen Mandats als »serial privatiser« bekannt wurde. Laut einer von G4S durchgeführten Studie die »einzige Lösung«, damit der Staat trotz Sparzwang den Sicherheitserfordernissen gerecht werden kann. G4S, wie auch ihre Mitbewerber, scheut sich nicht, Profit aus den Auswirkungen dieser Politik zu schlagen: Das Unternehmen stellt mit Vorliebe ehemalige Polizist_innen, Gefängnisdirektor_innen und andere Beamt_innen ein, um von deren Kompetenzen und Kontakten zu profitieren. Anfang 2011 konnte es den ehemaligen Verantwortlichen für den nationalen Strafvollzug in den Reihen seines Beraterkomitees begrüßen, der wenige Monate zuvor noch die Ausschreibung überwachte, innerhalb derer das Unternehmen ihr Angebot abgegeben hatte. Zur gleichen Zeit trat in London ein runder Tisch unter dem Titel »Eine neue strategische Partnerschaft zwischen Polizei und Industrie« zusammen, der Repräsentant_innen von Regierung, Privatfirmen und Polizei zusammenbrachte, um zu untersuchen, inwieweit »intelligente und gut durchdachte« Beziehungen zwischen Polizei und Industrie der Polizeiarbeit im Kontext von Budgetkürzungen zugute kommen könnten – und, möchte man hinzufügen, die Umsatzzahlen der Privatunternehmen steigern könnten. Während dieses Treffen abgehalten wurde, rechnete man sich bei G4S – deren Verträge mit der Regierung sich, alle Sektoren eingeschlossen, auf eine Höhe von 4,6 Milliarden Pfund beliefen – aus, dass in diesem neuen Kontext die Aktivitäten, mit denen es bislang im polizeilichen Aufgabengebiet betraut war (Ermittlung, Haft, Be- und Überwachung), im Laufe der nächsten Jahre vervierfacht werden könnten.

Keine Peanuts

Denn die Märkte, die entstehen, wenn Staaten ihre öffentlichen Ausgaben zu verringern suchen, stehen in unmittelbarem Zusammenhang mit den Profiten, die private Firmen einfahren, indem sie den lohnenswerten Sicherheitsmarkt mehr und mehr für sich erschließen. Diese Profite sind vielgestaltig. Im Bereich des Migrationsmanagements überschatten die großen Gewinne, wie das Betreiben von Asylverfahrenslagern und die Organisation von Rückführungen, manchmal die kleineren Gewinne. 2011 wurde beispielsweise die Firma Serco, die das Abschiebegefängnis in Yarl's Wood im Osten Englands betreibt, einer Form der modernen Sklaverei beschuldigt: Serco beschäftigt Migrant_innen, die auf ihre Abschiebung warten, als Service- und Reinigungskräfte in der Kantine zu einem Lohn von 50 Pence pro Stunde (58 Eurocent), was zwanzigmal weniger als der gewöhnliche Lohn für vergleichbare Arbeiten in England ist. Von der Presse zu diesem Thema befragt, beschränkte sich die britische Grenzagentur auf die Erklärung, diese Arbeit geschehe auf freiwilliger Basis und sei darüber hinaus sehr beliebt, die Aufwandsentschädigung, die den Häftlingen ausgezahlt würde, könne nicht als Lohn angesehen werden – und wies darauf hin, dass die Arbeit in Abschiebegefängnissen nicht unter das Mindestlohngesetz falle. In Wirklichkeit ist die Praxis der Ausbeutung der Arbeitskraft von *Sans Papiers* in Großbritannien ebenso wenig neu wie außergewöhnlich.

Auf der Internetseite der britischen Grenzagentur kann man lesen, dass das von der Firma Mitie Care and Custody betriebene Ausländer_innenheim in Campsfield nahe Oxford ebenso wie das in Harmondsworth, in der Nähe des Flughafens Heathrow, und in Dungavel, Schottland, beide von der Firma GEO betrieben – einem der größten ›Gefängnismakler‹ in den USA –, ihren Insassen »bezahlte Arbeitschancen« bei Aufgaben im Gefängnisbetrieb anbietet (Essensausgabe, Reinigung, Bibliothek, Instandhaltung etc.).

G4S hat seinerseits in einem seiner Heime, in der Nähe des Flughafens Gatwick, ein System von ›Gefängnistelefonen‹ eingerichtet, dessen Hauptziel zwar die Kontrolle und Überwachung der inhaftierten Ausländer_innern ist, dessen finanzieller Nebeneffekt jedoch nicht zu vernachlässigen sein dürfte. Bei der Ankunft in der Haftanstalt Tinsley House wird den Migrant_innen ihr Handy abgenommen und durch ein sogenanntes *Call4Five*-Telefon ersetzt, das es ihnen erlaubt, für »fünf kostbare Minuten« weltweit zu telefonieren. Ist das Guthaben einmal verbraucht, können sie neues nachkaufen. Einer der Vorteile dieses Systems für die zuständigen Autoritäten ist die Möglichkeit, jegliche Kommunikation der inhaftierten Migrant_innen zu kontrollieren und innerhalb des Heims sogar zu unterbinden. Als das System 2011 auf Modellbasis getestet wurde, traf es auf harsche Kritik seitens der ›Begünstigten‹: Unter anderem sei es deutlich teurer als gewöhnliche Prepaidhandys und erlaube den vollends Mittellosen, die kein Mindestguthaben erwerben können – ohne das die *Call4Five* nicht funktionieren – nicht einmal, Gratisnummern anzurufen. Den Zuschlag für die interne Kommunikation in Tinsley House bekam unter nicht öffentlich gemachten Umständen die auf Telefonüberwachung spezialisierte Firma Global Comms & Consultig LTD (GCC), die bereits mehrere britische Gefängnisse ausgestattet hat. Diese Praxis in Tinsley House, die eine Gruppe von Aktivisten publik machte, wurde von der britischen Grenzagentur bestätigt, die sich jedoch hinter den Verträgen zwischen G4S und GCC versteckte und keine weiteren Details preisgab. GCC wiederum hat die Existenz eines Vertrags eingeräumt, weitere Auskünfte jedoch unter Hinweis auf die ›Sensibilität‹ des Themas verweigert.

Verwischung von Verantwortung

Der Exkurs zu Tinsley House beleuchtet einen weiteren Vorteil der Privatisierung von Sicherheitsaufgaben für die Staaten, die auf diese Praxis zurückgreifen: Sie trägt zur Intransparenz und Verwischung der Verantwortung bei Zwischenfällen bei und macht es noch schwieriger, die beauftragten Institutionen zur Rechenschaft zu ziehen. Besonders frappierend sind diese Effekte bei privaten Militärunternehmen: Insbesondere den Krieg im Irak nutzten viele Länder eine Strategie des >Outsourcing<, um ohne öffentliche Erklärungen Truppen entsenden zu können. Doch auch zivile Aufgaben sind von dieser Entwicklung betroffen. Indem sie Unterhändler mit der Überwachung, Begleitung und Unterbringung von Einwander_innen beauftragen, die sie abzuschieben gedenken, distanzieren sich Staaten von eventuellen Gesetzesverletzungen im Laufe dieser Prozesse. In Anbetracht der besonderen Natur dieser Missionen und der Menschen, auf die sie abzielen, sind diese Verletzungen keine Seltenheit. Der tragische Fall von Jimmy Mubenga ist kein isolierter Unfall. 2008 veröffentlichte eine Gruppe von NGOs nach vier Jahren Untersuchung einen niederschmetternden Bericht über den Missbrauch, die Misshandlungen, exzessive Gewaltanwendungen und die rassistischen Verhaltensweisen, denen Asylbewerber_innen bei der Rückführung in ihr Herkunftsland seitens der von den Behörden mit der Abschiebung beauftragten privaten Eskorten zum Opfer fallen.[7] Zahlreiche Zeug_innenberichte prangern zudem die Art an, wie Migrant_innen in den Asylverfahrenslagern behandelt werden, mit deren Management das Vereinigte Königreich Privatfirmen betraut hat. Allein gegen G4S wurden im Laufe des Jahres 2010 achtundvierzig Klagen wegen Übergriffen auf Insassen in den von ihr betriebenen Haftanstalten eingereicht. Es kommt jedoch selten zur Strafverfolgung und noch seltener zu Verurteilungen. Und sollte es doch dazu kommen, dann neigt die Justiz zu der Einschätzung, dass der Regierung, wenngleich die Entscheidung über Abschiebung oder Inhaftierung ihr obliegt, keine Verantwortung für die Handlungen der Beauftragten bei der Durchführung dieser Maßnahmen zufällt.

Natürlich sind Rechtsmissbräuche und Gewaltanwendungen kein Vorrecht von privaten Akteuren. So erlag in Schweden im März 2010 ein zur Abschiebung verdammter Nigerianer seinen Verletzungen, kurz nachdem er vor Besteigen des Flugzeugs, das ihn nach Lagos bringen sollte, von Polizisten an einen Stuhl gefesselt worden war. In dem zu trauriger Berühmtheit gelangten Fall von Semira Adamu, einer jungen Nigerianerin, die 1998 in Brüssel erstickte, als man im Zuge ihrer Abschiebung versuchte, sie zum

---

7   Birnberg Peirce & Partners: »Medical Justice and the National Coalition of Anti-Deportation Campaigns«, in: Outsourcing Abuse, Juli 2008.

Besteigen eines Flugzeugs zu zwingen, waren vier belgische Polizisten angeklagt – sie wurden jedoch freigesprochen. Das Motiv, von denen ein Unternehmen in der freien Marktwirtschaft geleitet wird – Profit zu machen –, steht eindeutig in einem enormem Spannungsverhältnis zu den ethischen Verhaltens- und Sicherheitskodizes, die bei einem so empfindlichen Vorgang wie einer Abschiebung gelten sollten. Nach dem Tod Jimmy Mubengas sammelte der *Guardian* Berichte ehemaliger Angestellter von G4S, denen zufolge die Firma ihre Beschäftigten unter Androhung finanzieller Strafen dazu anhielt, bei Abschiebeaktionen Gewalt anzuwenden. Sie erklärten, dass Migrant_innen, die in ihre Herkunftsländer abgeschoben werden sollen, wissen, dass es Piloten in der zivilen Luftfahrt widerstrebt, mit aufsässigen Passagieren an Bord zu fliegen, und dass einige sich deshalb lautstark zur Wehr setzen, in der Hoffnung, dass die Piloten sich weigern zu starten. Nun bringt ein gestrichener oder verspäteter Flug großen finanziellen Schaden und somit enorme negative Auswirkungen für das Sicherheitsunternehmen mit sich, das in solchen Fällen für die Verzögerung verantwortlich gemacht wird. Daher die Verlockung, zu Gewalt zu greifen, um zu vermeiden, dass den Angestellten, die nicht in der Lage waren, den Unruhestifter zu ›beruhigen‹, der Lohn gekürzt wird.

Diese Anschuldigungen, wenngleich von G4S dementiert, scheinen plausibel, vor allem, wenn man in Betracht zieht, dass es sich um ein börsennotiertes Unternehmen handelt, dessen »wichtigste soziale Verantwortung es ist, einen gesunden Haushalt sicherzustellen und in der Lage zu bleiben, Wachstum und neue Arbeitsplätze zu generieren«. Beim Wettlauf um Renditen befinden sie sich dabei oft am Rande der Legalität – der Zweck heiligt die Mittel. Darüber hinaus muss man die Vereinbarkeit von Zielen der Gewinnsteigerung mit manchen Einsatzgebieten von privaten Sicherheitsfirmen infrage stellen, wie beispielsweise dem Management von Abschiebegefängnissen und der Organisation von Abschiebungen. Anders gesagt, im Kontext der Wirtschaftskrise, die die Staaten zur Deregulierung und Kürzungen von öffentlichen Ausgaben zwingt, führt die Auslagerung dieser Aktivitäten zu einem ›Abschiebemarkt‹, von dem der finanzielle Erfolg der Dienstleister abhängt, für die dieser Markt eine Einnahmequelle darstellt. Tatsächlich scheint dieser Erfolg nicht in Gefahr. Auf der Internetseite von G4S konnte man wenige Monate nach dem Tod von Jimmy Mubenga unter dem Abschnitt ›Arbeitsplätze‹ den bewegenden Bericht eines »Detainee Custody Officer Overseas« (Gefangenenwächter für

Überseeabschiebungen) lesen. Er spricht darin über seine abwechslungsreiche Arbeit und den bereichernden Kontakt zu den Ausgewiesenen (»John sagt mir, dass er versteht, was passieren wird, und er sich freut, nach Hause zu kommen«) und mit den Autoritäten des Aufnahmelandes (in diesem Fall Uganda), mit denen die Mission mit herzlichem Händedruck besiegelt wird, bevor der Heimweg ansteht, um »am nächsten Tag um 22 Uhr im Bett zu sein«. Einwanderer abschieben, ein Job mit Zukunft.

Der europäische Markt der Grenzsicherheit

Man muss durchaus davon ausgehen, dass die Außendienstmitarbeiter_innen von G4S die Milipol-Messe besuchen, die alle zwei Jahre in Porte de Versailles, Paris, stattfindet. Milipol ist eine etwas spezielle Messe, bei der die Aussteller Namen wie Dronexplorer, Dragon gloves, Fox Fury, King Cobra Holsters SNC oder Recon robotix tragen. Dabei handelt es sich nicht im Entferntesten um ein Treffen von Manga-Fans oder kriegerischen Videospielamateur_innen, Milipol ist bitterer Ernst: Auch Innen- und Verteidigungsminister_innen mehrerer Länder sowie die großen Namen der Rüstungsindustrie haben hier ihre Stände, da sich Milipol als »die globale Nummer eins der Messen, die sich der Sicherheitstechnologie und der Verbrechensbekämpfung widmen, durchgesetzt hat und den Treffpunkt der internationalen Entscheidungsträger der öffentlichen und industriellen Sicherheit darstellt«, wie man auf der Internetseite der Veranstalter lesen kann. Ebenfalls zu lesen ist, dass die Messe in den 1980er Jahren aus dem Wunsch der Sicherheitsindustrie entstanden ist, sich nach dem Vorbild des Verteidigungs- und Luftfahrtsektors ein Werbeplattform zu schaffen, die genau auf den extrem expandieren Markt abgestimmt ist.

Dieser Markt hat seit dem Beginn der 2000er Jahre und dem Attentat des 11. Septembers nicht aufgehört zu wachsen. 2009 wurden die Umsatzzahlen der global agierenden Sicherheitsfirmen auf mehr als 450 Milliarden Euro geschätzt, was einen jährlichen Zuwachs von durchschnittlich zehn bis zwölf Prozent für die vorangegangenen sieben Jahre bedeutet.[8] Die Sparte der Grenzsicherung nimmt innerhalb dieses Sektors einen immer zentraleren Platz ein, ob es um den Kampf gegen die terroristische Bedrohung, die internationale Kriminalität oder, mehr und mehr, die sogenannte klandesti-

---

8   »Sécurité globale: un marché en plein essor«, TTUonline, Lettre d‹informations stratégiques et de défense, 16. Novemeber 2009, <http://www.ttu.fr>.

ne Einwanderung geht. Mehrere Faktoren tragen zu diesem Bedeutungszuwachs bei, einer davon ist die Instrumentalisierung der Angst. Aber auch die Neudefinition der Grenzen, die den Anfang des einundzwanzigsten Jahrhunderts kennzeichnet, spielt eine Rolle. Eine Neudefinition gleichzeitig geografischer (voranschreitende Vergrößerung der Europäischen Union), politischer (die >Auslagerung< der Grenzkontrollen) und technologischer (Entwicklung der >virtuellen< Grenzen, wie die Digitalisierung der Visa, biometrische Pässe oder die Techniken der Fernüberwachung) Natur. So viele Veränderungen und Auswüchse, die der Verteidigungsindustrie immer neue Perspektiven eröffnen und ihre Möglichkeiten, in das zivile Leben einzugreifen, unendlich vervielfachen.

Die Sicherheit, ein »Gemeingut« Europas

Die US-amerikanische Industrie ist auf dem Grenzsicherungsmarkt sehr präsent, man nehme Boeing als Beispiel: Der Flugzeughersteller hat sich den riesigen Vertrag für die elektronische Überwachung aller Landesgrenzen der USA unter den Nagel gerissen, inklusive der Mauer zwischen ihrem und dem mexikanischen Staatsgebiet. Doch auch Europa ist nicht schlecht aufgestellt. Es gilt festzuhalten, dass sich seit Anfang der 2000er Jahre ein enges Netzwerk gesponnen hat, das die politischen Erklärungen über die Notwendigkeit der Grenzsicherung in der EU und die Interessen der größten Firmen des Sektors in Einklang bringt. Seit 2003 hat sich eine >Gruppe von Persönlichkeiten< (GoP) mit der Aufgabe gebildet, Richtlinien für ein europäisches Forschungsprogramm im Bereich der Sicherheit zu formulieren. Dieser Gruppe vereint nicht nur die betreffenden EU-Kommissare und Repräsentant_innen anderer EU-Institutionen und Forschungsinstitute, sondern darüber hinaus acht Verteidigungs- und Sicherheitsfirmen, darunter das europäische EADS-Konsortium, der Weltmarktführer auf diesem Sektor, das französische Unternehmen Thales, das italienische Finmeccanica, das spanische Indra, das deutsche Siemens und das schwedische Eriksson. In dem 2004 fertiggestellten Bericht der Gruppe[9] wird der EU nahegelegt, ihr Forschungsbudget für Sicherheitsfragen auf ein mit den USA vergleichbares Niveau aufzustocken, die mehr als 4 Dollar pro Einwohner pro Jahr in Sicherheitsforschung investieren – was

---

9   Groupe de personnalités dans le domaine de la recherche en matière de sécurité: »La recherche pour une Europe sûre«, 2004, <www.src09.se>.

für 450 Millionen Europäerinnen und Europäer in etwa 1,3 Milliarden Euro pro Jahr wären.

Die Mitglieder der GoP liefern mehrere Argumente, die diesen Aufwand rechtfertigen. Einerseits stellen sie fest, dass die Themen, die Bürgerinnen und Bürgern ebenso wie Politikerinnen und Politikern die größten Sorgen bereiten, wie folgt lauten: Sicherheit, Terrorismus, Verbreitung von Massenvernichtungswaffen, regionale Konflikte, organisierte Kriminalität und illegale Einwanderung. Darüber hinaus, versichern sie, sei die Technologie der beste Garant für Sicherheit. Letztlich bestehen, wie sie feststellen, Synergien zwischen militärischer Verteidigung und ziviler Sicherheit, da die für Erstere entwickelten Technologien auch für Letztere einsetzbar seien. Die Schlussfolgerung liegt nah: Um dem Willen der Bürger_innen gerecht zu werden, müsse ein europäisches Sicherheitsforschungsprogramm entwickelt werden, das umfassende Investitionen im Sektor der Spitzentechnologie vorsieht. Diese Investitionen müssen den kompetentesten Industrien zukommen, also natürlich jenen, die bereits Erfahrungen im Bereich der militärischen Verteidigung haben. Letztlich sei von größter Wichtigkeit, dass ein solches Programm sich zur Aufgabe macht, »die Wettbewerbsfähigkeit der europäischen Sicherheitsunternehmen voranzutreiben«, um zu verhindern, dass amerikanische Firmen, die dank der Geldgeschenke ihrer Regierung im Bereich von Forschung und Innovation bereits einsatzfähig sind, ihre Standards durchsetzen und den Markt dominieren.

Die Kommission folgte den Schlussfolgerungen des Berichts mit Hinweis auf die allgemeinpolitische Lage, die »zusätzliche Anstrengungen zur Gewährleistung eines konsequent hohen Sicherheitsniveaus überall in der gesamten Union mit den jetzt in östlicher und südlicher Richtung erweiterten Grenzen«[10] erfordere – gemeint ist der Beitritt zehn neuer Mitgliedsstaaten in die EU –, und entschied den Start eines europäischen Forschungsprogramm zur Sicherheit im Jahre 2007, in das der betreffende Industriesektor weitgehend eingebunden ist. Von dieser Entscheidung war auszugehen, da für Franco Frattini, damals EU-Kommissar für Justiz und Inneres, »die Sicherheit kein Monopol der Behörden mehr ist, sondern ein Gemeingut, für das die Verantwortung und Umsetzung zwischen dem

---

10 Mitteilung der Kommission an den Rat, das Europäische Parlament, den Europäischen Wirtschafts- und Sozialausschuss und den Ausschuss der Regionen – Sicherheitsforschung: Die nächsten Schritte, 7. September 2004.

öffentlichen und dem privaten Sektor geteilt werden müssen«[11]. Entsprechend wurde für den Zeitraum von zwei Jahren ein in elf Arbeitsgruppen aufgeteiltes Forum für die Entwicklung und den Dialog zwischen beiden Sektoren im Bereich der Forschung und Innovation für Sicherheit (englisch ESRIF) installiert. Unter den Sprechern dieser Arbeitsgruppen findet man einige bekannte Gesichter aus den Mitgliedsunternehmen der GoP wieder, wie Thales, EADS und Eriksson, aber auch einige Nichtmitglieder, wie Sagem security, sind vertreten.

Die Überwachung der Grenzen: Jeder bekommt ein Stück vom Kuchen

Ist Sicherheit ein »Gemeingut«? Die Entwicklungen im Bereich der Grenzsicherungspolitik zeigen, dass sie jedenfalls einen Kuchen darstellt, von dem sich einige Unternehmen ihren Anteil zu sichern gedenken, indem sie sich an jedem Glied der Entscheidungskette einnisten: von der Formulierung von Rahmenrichtlinien bis zur Reaktion auf Rufe nach Interessenumsetzung über die Arbeitsgruppen und thematischen Foren. Als Beispiel: Innerhalb von ESRIF wird die Arbeitsgruppe, die sich mit Grenzsicherheit befasst, von der europäischen Grenzschutzagentur Frontex koordiniert und ihr Sprecher ist ein Repräsentant der Firma Finmeccanica, italienischer Marktführer im Sicherheitssektor. Darüber hinaus setzen sich drei Viertel ihrer 24 Mitglieder aus Industriellen zusammen. Um dem Ganzen die perfekte Kohärenz zu verleihen, müsste jetzt nur noch das Angebot, das auf diese Art entwickelt wird, klar zu der politischen Nachfrage passen. Und die lässt nicht auf sich warten.

2002 erschien im Rahmen einer allgemeineren Neuausrichtung der Risiken post-9/11 in Europa das Konzept der »Sicherung der Außengrenzen«. Es wurde von der Kommission als Mittel zur Kompensation des Sicherheitsdefizits präsentiert, zu dem es durch das Inkrafttreten der innereuropäischen Freizügigkeit inklusive Abschaffung der Kontrollen an den Innengrenzen gekommen sei. Im gleichen Jahr entschieden die Mitgliedsstaaten beim Europäischen Rat in Sevilla, dem Kampf gegen die illegalen Einwanderungen die absolute Priorität einzuräumen, zu dem mehrere Aktionspläne im Rahmen einer »gemeinsamen integrierten Politik des Grenzschutzes an den Außengrenzen« aufgestellt wurden.

---

11 Zitiert nach Ben Hayes: »NeoConopticon. The EU-security complex«, Bericht von Statewatch und dem Transnational Institute, 2009.

Neben der Gründung der Grenzschutzagentur Frontex wurde der Fokus auf die Entwicklung und Finanzierung für »die allgemeine Einführung neuer Technologien im Bereich der Überwachung, die Verstärkung der Interoperabilität der bestehenden Systeme sowie Maßnahmen zur Verbesserung der Kontroll- und Überwachungskapazität an Grenzübergängen, bei denen einvernehmlich strukturelle Schwachstellen ermittelt werden« gelegt. Ein Einfallstor für Firmen aus der Branche der Sicherheits- und Verteidigungstechnologie. Wenn die erst einmal die öffentlichen Gelder für ihre Forschungs- und Entwicklungsabteilungen bekommen haben, müssen sie nur noch die Verträge mit denselben Geldgebern einheimsen und diese somit zu ihren Kunden machen.

So liegt der Fall bei Sagem security (der Zweig der Safrangruppe hat in der Zwischenzeit den Namen Morpho angenommen) – das einen der Sprecher beim ESRIF-Forum 2004 stellte –, dessen biometrisches Kontrollsystem Parafes (für >automatisierter schneller Durchgang an den Schengen-Außengrenzen<) seit 2009 am Pariser Flughafen Roissy-Charles-de-Gaulle in Betrieb ist. Dort können Reisende aus der Europäischen Union, die dazu gewillt sind, ihre Wartezeit bei den Kontrollen verkürzen, indem sie ihren Reisepass und acht ihrer zehn Fingerabdrücke scannen. Sagem stattet außerdem seit 2006 die größten Flughäfen Großbritanniens aus, diesmal jedoch mit einem System, das die Iris der Reisenden wiedererkennt. Und das Unternehmen spielte eine treibende Rolle bei der Entwicklung des biometrischen Visums, Visabio, mit dem mittlerweile mehr als zweihundert französische Konsulate ausgestattet sind. Sagem hatte außerdem auf den Zuschlag für die Verwaltung der biometrischen Daten im Agdref-System gepokert (in dem die Daten von ausländischen Einreisenden in Frankreich festgehalten werden), letztlich war es aber Thales Security Systems, eine weitere französische Unternehmensgruppe, die nebenbei Mitglied bei der GoP war, die den 3,3-Millionen-Euro-Deal an Land zog.

SIVE, das Vorreiterprogramm

Für die Sicherheitsspezialisten stellte die Kontrolle der Seegrenzen im Süden Europas eine der größten Herausforderungen des beginnenden 21. Jahrhunderts dar. Der erste große Durchbruch in dieser Hinsicht gelang Spanien mit dem System SIVE (>Integriertes System der Außenüberwachung<), das seit 2002 von der Guardia Civil entlang seiner Mittelmeerküste zur Überwachung der Seegrenze eingesetzt wird. Ziel war es, die Grenzüberschreitung von Einwanderer_innen aus Afrika, die in der Regel von Marokko aus über die Straße von Gibraltar versucht wurde, zu verhindern. Mit geschätzten Entwicklungs- und Einrichtungskosten von ca. 260 Millionen Euro umfasste das Überwachungsdispositiv[12] 2004 fünfundzwanzig Wachtürme, zwölf mobile Radargeräte und um die zwanzig Patrouillenboote, darunter drei hochseetaugliche. Für das Unternehmen Indra – ein weiteres Mitglied der GoP –, das diese Sparte für sich erschlossen hatte, ist die Pioniertechnologie auf eine gewisse Art »ihrem eigenen Erfolg zum Opfer gefallen«, indem es die ›Bedrohung‹ (in Form von Einwanderung) im Osten von der algerischen Küste zu den Balearen und im Süden von der Küste Westafrikas zu den Kanaren umgelenkt hat.[13] Diese Entwicklung hat das Unternehmen darauf gebracht, seine Antwort den neuen Gegebenheiten anzupassen und Stützpunkte einzurichten, die mit optronischen Geräten (einer Technik, die in militärischem Gerät zum Einsatz kommt und Optik und Halbleiterelektronik kombiniert) ausgestattet wurden und seit 2008 entlang der mauretanischen und senegalesischen Küsten mit Satellitenüberwachung experimentieren. Dank eines Stützpunkts auf Gran Canaria ermöglicht das System, die Bewegung von Schiffen, Fahrzeugen und Personen zu erkennen und Mannschaften zur Intervention zu entsenden, die sich aus Guardia Civil, der spanischen Luftwaffe und – Technikern des Unternehmens Indra zusammensetzen.

Das SIVE-Programm, das zuerst von Spanien allein finanziert wurde, wird nunmehr im Namen der »Solidarität mit den Mitgliedsstaaten, die eine besondere Verantwortung im Bereich der Kontrolle der Außengrenzen auf sich nehmen« zu großen Teilen von der EU unterstützt: 2007 wurden 356 Millionen Euro des EU-Außengrenzenfonds Spanien für die »Ausweitung des SIVE-Systems zur Überwachung und Kontrolle der Seegrenze in den Provinzen Tenerifa (Kanarische Inseln), Valencia, Alicante und Ibiza«[14] zugesprochen. Anfang 2010 rühmte sich Indra damit, 1.400 Kilometer spanischer Küste effizient zu schützen. Eine eindrucksvolle Visitenkarte, die dem Unternehmen weitere Verträge bescherte, wie den der portugiesischen Seegrenze.

---

12 Dispositiv bezeichnet die Gesamtheit aller Personen und Mittel, die für eine bestimmte Aufgabe eingesetzt werden können. (Anm. d. Übers.).

13 Perez Pujazón: »SIVE, a pioneer maritime border surveillance system. What is beyond?«, INDA, März 2009, <ec.europa.eu>.

14 Pressemitteilung der Europäischen Kommission: »Außengrenzenfonds 2007-2013 – Spanien«, 1. Dezember 2008.

Der Segen der EU-Erweiterungen

Die Erweiterung der EU im Osten hat neue Perspektiven für Indra eröffnet. Es gilt, neue Deals in neuen Mitgliedsstaaten an Land zu ziehen, die sich ihrerseits noch eines Schengen-Beitritts würdig erweisen müssen. Doch nicht nur die, sondern auch potenzielle Beitrittskandidaten müssen ihre Fähigkeit unter Beweis stellen, sich wirkungsvoll nach außen hin abzuschotten, wenn sie eines Tages Teil des Clubs sein wollen. In beiden Fällen investiert die Europäische Union als Ad-hoc-Finanzmittel getarnte Gelder, und Unternehmen wie Indra oder dessen Mitbewerber Amper werden auserwählt, ihre Kompetenzen an die Seegrenzen von Lettland und Estland oder die Küsten des Schwarzen Meeres in Rumänien zu exportieren.

Doch die beiden sind nicht die einzigen. Im August 2010 durfte sich der EADS Konzern über die »direkte Kooperation mit den rumänischen Behörden im Bereich der Grenzsicherung« freuen. Das Unternehmen war ab 2004 mit dem Auftrag betraut, ein integriertes Grenzsicherungssystem für Rumänien zu entwickeln. 2009 kam der Folgeauftrag für die Verwirklichung und Bereitstellung des Systems, insgesamt 670 Millionen Dollar um 3.000 Kilometer Landesgrenze abzudecken. Zur Vorrichtung gehört auch das Kommunikationssystem TETRA, ein ultramodernes Radiofrequenzsystem, unter anderem zur Übertragung von Bildern, das von seinen Entwicklern als »Grundpfeiler nationaler Sicherheitssysteme« angepriesen wird. Durch die Übertragung von Bildern in Echtzeit, Aktivierung von Anzeigen über SMS und die Verifizierung von Nummernschildern verläuft der Datenaustausch in Höchstgeschwindigkeit. Die Funktion der Bildübertragung in Echtzeit ermöglicht beispielsweise, das Bild einer verdächtigen Person oder Aktivität durch einen simplen Knopfdruck an die nächste Grenzschutzpatrouille zu senden Die gleiche Technologie hat EADS Bulgarien angeboten, Nachbarland Rumäniens und seiner Zeit ebenfalls Anwärter auf einen Schengen-Beitritt. 2010 wurden mehr als 3.000 TETRA-Terminals inklusive »Zubehör, Dokumentation und der dazugehörigen Schulung« von EADS in Zusammenarbeit mit dem bulgarischen Tochterkonzern von Eriksson – seinerseits, ebenso wie EADS, Mitglied der GoP – an den bulgarischen Grenzschutz geliefert. Dieser Aufwand trug jedoch nicht die erhofften Früchte, 2011 wurde der erwartete Schengen-Beitritt beider Länder abgelehnt, die Gutachten über die Grenzkontrollen seitens ihrer EU-Partner fielen negativ aus. Die Ironie wird erst deutlich, wenn man sich bewusst macht, dass EADS zum Airbus-Konzern gehört und somit ein größtenteils deutsch-französisches Konsortium ist – und dass Deutschland und Frankreich am stärksten gegen den Beitritt der beiden Kandidaten opponierten.

Die Technologie: Immer mehr, immer besser, immer teurer

Das EUROSUR-System, 2011 mit dem Ziel von »Ausbau von Grenz-schutz und -verwaltung [...] an den südlichen und östlichen Außengren-zen« ins Leben gerufen, sollte den Prozess beschleunigen: Durch Anwen-dung der neuen Technologien, wie Erdüberwachungssatelliten und anderer Überwachungsinstrumente und Sensoren (Satelliten, Radar, unbemannte Luftfahrzeuge/UAVs), die in mit EU-Mitteln finanzierten Forschungs-projekten entwickelt wurden, sollten Ziele an den Außengrenzen besser identifiziert und verfolgt werden können. Dabei sollte EUROSUR in mehreren Phasen zuerst die »Modernisierung und Ausweitung nationaler Grenzüberwachungssysteme« und anschließend die »Einbindung nati-onaler Infrastrukturen in ein Kommunikationsnetz zwischen den natio-nalen Koordinierungszentren einschließlich Frontex« fördern.[15] Für die Mitgliedsstaaten, die sich diesem Unterfangen anschließen wollen, ist eine finanzielle Unterstützung von bis zu 75 % vorgesehen. Wenn das keinen Schwung in den Wirtschaftszweig bringt! Zumal der Hang zur Verwendung von Spitzentechnologie an sich zum schnellen Veralten der eingesetzten Technik und somit zur Notwendigkeit ihrer ständigen Erneuerung beiträgt.

Die Vorstellung des AMASS-Projekts (Autonomous Maritime Sur-veillance System) – einem Programm, das die maltesische Armee, Privat-konzerne und die Universität von Las Palmas auf den Kanarischen Inseln zusammenbringt[16] – durch die Forscher, die seit 2010 daran arbeiteten, spiegelt diesen Wettlauf um Innovation wider. Dieses neue Überwachungs-instrument für Seegrenzen, das 2012 einsatzbereit sein sollte, beruht auf einem Prinzip von mit Infrarotkameras und Hydrophonen (Unterwasser-mikrophonen) ausgestatteten Bojen. Laut einem seiner Entwickler liegt

---

15 Europäische Kommission, »Mitteilung der Kommission an das Europäische Parlament, den Rat, den Europäischen Wirtschafts- und Sozialausschuss und den Ausschuss der Regionen – Prüfung der Schaffung eines Europäischen Grenzkon-trollsystems (EUROSUR)«, 13. Februar 2008.

16 Das Konsortium stand ursprünglich unter der Leitung einer Tochterfirma der deutschen Carl Zeiss AG, die seit 2012 zur heutigen Airbus Group gehört. Auch das Fraunhofer-Institut für Informations- und Bildverarbeitung IITB war an dem Projekt beteiligt, Anm. d. Übers.

der Mehrwert dieser Bojen in ihrer Fähigkeit, »Signale zur Identifikation von illegalen Booten einzufangen, die sehr konkrete Charakteristika aufweisen«. Offensichtlich kann AMASS die europäischen Küsten also viel besser mithilfe eines Frühwarnsystems vor verdächtigen Booten schützen als die Radare von SIVE von 2004 oder die mit optronischen Sensoren ausgestattete Version von 2008. Kosten für die von der EU subventionierte Entwicklungsphase der Instrumente: 5 Millionen Euro.[17]

In der Rangliste der Grenzschutztechnologie gehört den Drohnen die Zukunft (siehe Seite 116 f.). Die unbemannten Luftfahrzeuge werden vermehrt im militärischen Bereich eingesetzt, aber nicht nur da. Die häufigsten Anwendungsfelder im zivilen Bereich stellen Sicherheit und Grenzschutz mit dem Ziel der Bekämpfung von illegaler Einwanderung, Piraterie und Schmuggel dar. Da diese Technologie in den USA bereits zum Einsatz kommt, ist die Begierde in Europa natürlich geweckt. »Wir befinden uns in einer Situation, die mit den Anfängen der Luftfahrt vergleichbar ist, in der sich ein ganz neuer Markt eröffnet, der sich in den nächsten 10 Jahren auf 20 Milliarden Euro belaufen wird«, schätzte der Autor eines Berichts über Drohnen für das französische Parlament 2009.[18] In Anbetracht dessen, was auf dem Spiel steht, haben die größten europäischen Hersteller von Drohnen dann lieber ihre Kräfte vereint, statt sich gegenseitig Konkurrenz zu machen: Das 2010 gestartete Projekt OPARUS[19] bringt Sagem, BAE Systems, Thales, EADS, Dassault Aviation und andere zusammen, um eine gemeinsame Strategie für die Nutzung von Drohnen zur Grenzüberwachung an Land und auf dem Wasser zu artikulieren. Das Projekt erhält finanzielle Unterstützung in Höhe von 1,19 Millionen Euro von der Abteilung Forschung und Entwicklung der Europäischen Kommission. Ob Drohnen, mehr als andere ausgeklügelte Instrumente zur Verriegelungen der europäischen Außengrenzen, zur Eindämmung von Wanderungsbewegungen führen werden, bleibt fraglich. Die neueste Geschichte zeigt, dass

---

17 Das auf drei Jahre angelegte Programm gab während seiner gesamten Laufzeit keinen Anlass zu öffentlichen Meldungen, und nach dem Ablauf der Frist wurden weder Bilanzen noch ein Abschlussbericht veröffentlicht.

18 Assemblée nationale, »Rapport d'information n°2127 déposé en application de l'article 145 du Règlement par la Commission de la défense nationale et des forces armées sur les drones«, 1. Dezember 2009.

19 Für »Open Architecture for UAS based Surveillance System« (Offene Architektur für ein auf ferngesteuerten unbemannten Flugobjekten basierendes Überwachungssystem).

die hier und da eingebauten Hürden vor allem zu einer Umleitung und Vervielfältigung der Migrationsrouten und benutzten Grenzübergänge führen. Vielleicht ist das jedoch genau das Ziel? Bei einem Katz-und-Maus-Spiel ist der Katze doch nicht zwangsläufig daran gelegen, ihr Opfer zu vernichten.

Das lukrative Geschäft mit der Asylhaft

Während öffentliche Akteure in Europa eher Stillschweigen wahren, wenn sie gemeinsame Sache mit der Privatwirtschaft machen, ist eine derartige Zusammenarbeit in den Vereinigten Staaten, wo mächtige Lobbys direkt in den Gesetzgebungsprozess eingreifen, um ihn nach ihren Interessen zu lenken, traditionell besser angesehen. Der Einfluss von Firmen, die Instrumente für die Inhaftierung von illegalen Einwanderern verkaufen, bei der Verabschiedung von Sicherheitsgesetzen ist nahezu satirisch.

Der Polizei die Inhaftierung und Überprüfung der Identität jeder Person erlauben, bei der »der begründete Verdacht besteht, dass sie sich illegal in den Vereinigten Staaten aufhält«; nicht nur gegen Personen ohne Papiere vorgehen, sondern gegen alle, die ihnen helfen, inklusive ihrer Arbeitgeber bis hin zu Personen, die sie in ihrem Fahrzeug mitnehmen; jede staatliche Behörde oder Gemeinde sanktionieren, die im Verdacht steht, diese Maßnahmen zu behindern, um die Bildung von ›Zufluchtsstädten‹ (absichtlich im Sinne von ›Stadt‹) zu verhindern. So lauten die zentralen Maßnahmen des Gesetzes SB 1070 vom April 2010 in Arizona, deren noch nie dagewesene Härte – die in den Vereinigten Staaten ihresgleichen sucht – eine Welle des Protest in dem Grenzstaat zu Mexiko und darüber hinaus auslöste.

Den Aussagen der republikanischen Gouverneurin Jan Brewer zufolge war dieses Gesetz unerlässlich, um den Problemen der Kriminalität und Gewalt Herr zu werden, die die illegale Einwanderung in den Staat mit sich bringe. Mit der Anschuldigung konfrontiert, einen Gesetzestext angenommen zu haben, der die Inhaftierung einzig und allein auf Grundlage der äußeren Erscheinung legalisiere, behauptete Brewer, dass Polizist_innen dazu ausgebildet würden, diesen Text umzusetzen, ohne die Bürgerrechte zu verletzen, und fügte hinzu, dass sie weder Diskriminierung noch *racial profiling* in Arizona toleriere.

Die Affäre sorgte dennoch für Aufmerksamkeit. Zu den Mahnungen von NGOs und Demonstrationen auf der Straße kam Kritik von offizieller Stelle. Das benachbarte Mexiko hatte vergeblich versucht, die Gouverneurin zu überzeugen, ihr Veto gegen den Text einzulegen. Der Vize-Präsident Guatemalas, Rafael Estrada, erklärte sich bestürzt über diesen »Schritt zurück« für Migrant_innen, während der Kardinal von Los Angeles die der Polizei durch das Gesetz verliehene Kontrollgewalt mit den »Techniken Nazideutschlands oder des kommunistischen Russlands« verglich. Selbst Präsident Obama äußerte sich, wie er es nur selten tut, beunruhigt über das Gesetz, das »die Grundlagen der Gerechtigkeit völlig untergräbt, die die Amerikaner so sehr schätzen, ebenso wie das Vertrauen in die Polizei, das unerlässlich für ihre eigene Sicherheit ist«. Der Bundesgerichtshof erlaubte der Regierung daraufhin am Vortag seines Inkrafttretens die vorläufige Aussetzung der kontroversesten Maßnahmen des Gesetzes SB 1070, von denen der oberste Gerichtshof später mehrere für ungültig erklärte. Nicht jedoch jene, die der Polizei Kontrollen aufgrund ›falscher‹ Hautfarbe erlauben.

Rhetorik der Angst

Einige Kommentator_innen meinten in der von Gesetz SB 1070 angefachten Polemik lediglich zwei unterschiedliche Konzeptionen von Migration zu sehen. Den Verteidigern individueller Freiheiten stünden die Befürworter einer harten Einwanderungspolitik gegenüber, von der Sorge über die Bedrohung der Aufnahmegesellschaften durch die Präsenz von Millionen illegaler Einwander_innen umgetrieben. Dieses Argument wurde auch von den Befürworter_innen des Gesetzes so sehr verbreitet, dass Arizona einem bald wie eine beängstigende gesetzlose Zone vorkommen musste, in die bedrohliche ausländische Verbrecher einfallen. Einer der Redakteure, der das Gesetzesvorhaben begrüßte, bestätigt: »Arizona ist der *ground zero* der illegalen Einwanderung. Phoenix ist die Drehscheibe des Menschenhandels und die Hauptstadt der Entführungen in den Vereinigten Staaten mit mehr als 240 registrierten Zwischenfällen in 2008«.[20] Senator Pearce, der als Hauptverantwortlicher für das Gesetzesvorhabens gilt, ging noch einen Schritt weiter, indem er Einwanderung mit einem »Trojanischen Pferd, bereit, das Land zu zerstören« verglich. In einem Interview mit dem Nachrichtensender *Fox News* im Juni 2010 scheute sich Jan Brewer nicht, »die Entführungen, Erpressungen und Enthauptungen, die Menschen daran hindern, sich sicher zu fühlen« heraufzubeschwören, um ihre

---

20 Kris W. Kobach: »Why Arizona Drew a Line«, The New York Times, 29. April 2010.

Entscheidung zu rechtfertigen. Wenige Wochen später sah sie sich jedoch gezwungen, diese Behauptungen zu dementieren.

Angetrieben von den Ergebnissen einer Umfrage, der zufolge 59 Prozent der Bevölkerung für die Reform wären, brachte diese Rhetorik der Angst mit, was es braucht, um in Arizona auf fruchtbaren Boden zu fallen. In dem Staat, der im Laufe der zweiten Hälfte des 20. Jahrhunderts einen wirtschaftlichen Boom erlebt hatte, ist die Bevölkerung spektakulär gewachsen – um mehr als 20 Prozent allein zwischen 2000 und 2006 – namentlich durch die Einwanderung zahlreicher Arbeitsmigrant_innen, darunter *Sans Papiers*, deren Zahl sich auf mehrere Hunderttausend beläuft. Gleichzeitig ist es Arizona, das am härtesten vom Platzen der Immobilienblase getroffen wurde, was Tausende von Menschen in die Arbeitslosigkeit stürzte. So weist der Bundesstaat das größte Haushaltsdefizit der Vereinigten Staaten auf und Schätzungen zufolge hat sich die Zahl der Arbeitsplätze in der Bauindustrie, einem seiner Hauptwirtschaftszweige, zwischen 2006 und 2010 halbiert.

Man müsste schon entschieden wegsehen, um keine Verbindung zwischen der plötzlich zur Schau gestellten Dringlichkeit des Kampfes gegen illegale Einwanderung und der Tatsache zu erkennen, dass von einem Tag auf den anderen keine Arbeitskräfte mehr auf den Baustellen gebraucht wurden. Als hätten sich all jene, die zuvor völlig ungeachtet ihres Aufenthaltsstatus leichterdings Beschäftigung finden konnten, in wenigen Jahren in gefährliche Kriminelle verwandelt. Und dort, wo das Argument der Bedrohung nicht ausreichte, ist das wirtschaftliche Argument zur Hilfe gekommen, um die Jagd auf illegale Einwanderer zu rechtfertigen: Kann man sich in einem ausgebluteten Staat, der sich gezwungen sieht, seine Immobilien zu verkaufen und auf einige Sozialhilfeprogramme zu verzichten, in dem ein Teil der Gesellschaft vom einen auf den anderen Tag ruiniert wurde, leisten, arbeitslose Sans Papiers und ihre Familien auszuhalten?

Die Gefängnisindustrie, von Abschiebeknästen zu Asylverfahrenslagern

Es wäre aber stark vereinfacht, sich auf diese Analyse zu beschränken, da sie die Rolle von mächtigen *pressure groups* außer Acht lässt, die, ungeachtet möglicher politischer Erwägungen, ein direktes Interesse an der Kriminalisierung und daraus resultierenden Verfolgung von Migrant_innen mit ungeklärtem Aufenthaltsstatus haben.

Um zu verstehen, worum es bei Gesetz SB 1070 in Wirklichkeit ging, muss man dessen Entstehungsprozess betrachten. Im Dezember 2009, wenige Monate vor Inkrafttreten des Gesetzes, fand ein Treffen des American Legislative Exchange Council (ALEC) statt, auf dem das, was bis dahin nur ein Gesetzesprojekt, war, Form annahm. Eine besondere Rolle kam dabei ALEC zu. ALEC ist ein als nicht profitorientierter Verein anerkanntes Beraterbüro, das sich aus Politiker_innen und Unternehmensleitungen zusammensetzt. Sein offizielles Ziel ist die Verbesserung der politischen und juristischen Durchführbarkeit von Gesetzesprojekten, die von politischen Entscheidungsträger_innen bei ihnen eingereicht werden. In Wahrheit handelt es sich aber um einen strategischen Knotenpunkt, an dem private Interessenvertreter mit öffentlichen Akteuren in Kontakt kommen, und zwar jenen, die in der Lage sind, ebendiese Interessen zu verteidigen. ALEC wird zu mehr als zwei Dritteln von Unternehmen finanziert, das letzte Drittel speist sich aus Mitgliedsbeiträgen der Parlamentarier_innen (laut Zahlen von 2008). Unter den Mitgliedsfirmen finden sich die Corrections Corporation of America (CCA), die Unternehmensgruppe GEO Inc und Sodexho Marriott. Unter den gewählten Volksvertreter_innen, die regelmäßig den Treffen beiwohnen, findet man auch Russell Pearce, ebenjenen ehemaligen Senatoren Arizonas, der das Gesetzesprojekt zur Einwanderung vor der Legislative Arizonas verteidigen sollte.

Nun muss man wissen, dass die in Tennessee ansässige CCA und die GEO-Gruppe aus Florida die zwei größten amerikanischen Firmen in dem Sektor sind, den man als Gefängnisindustrie bezeichnen könnte. Sie sind es demnach, die Haftanstalten entwerfen, bauen, finanzieren und, wie man sagen könnte, bewirtschaften. Bei Sodexho Marriott wiederum handelt es sich um den größten Nahrungsmittellieferanten für diese Einrichtungen. In dem Land mit den meisten Inhaftierten pro Einwohner, in dem die Beschäftigung spezialisierter Privatunternehmen in der Strafvollzugsindustrie seit langer Zeit Tradition hat, sind diese Informationen keine Kleinigkeiten. Die Verbindungen zwischen der politischen und finanziellen Sphäre und den privaten Unternehmen gehen bis auf den Anfang der 1980er Jahre zurück. Die immense Expansion einiger dieser Unternehmen steht in direktem Zusammenhang mit der Annahme des *Sentencing Reform Act*, 1984 von der Reagan-Administration entwickelt und 1987 in Kraft getreten. Mit diesem Gesetz wurden für zahlreiche Delikte, die bis dato mit Bewährungsstrafen geahndet wurden, Haftstrafen im geschlossenem Vollzug vorgeschrieben, bei gleichzeitiger Verlängerung der durchschnittlichen Haftdauer und Reduzierung der Möglichkeiten vorzeitiger Entlassung wegen guter Führung. Im gleichen Sinne wurde das sogenannte *Three Strikes*-Gesetz formuliert, das in den 1990er Jahren in ungefähr demselben Wortlaut in 28 Bundesstaaten verabschiedet wurde und lange Gefängnisstrafen ab der dritten begangenen Straftat vorsieht. Viele Mechanismen also, die auf Bundesebene ebenso wie in den einzelnen Staaten ein Vielfaches der vorhandenen Strafvollzugsanstalten nötig machte, zum größten Nutzen der darauf spezialisierten Unternehmen: Mitte der 90er Jahre gehörte die CCA zu den fünf größten börsennotierten Unternehmen an der Wall Street.

Bis zum Ende der 90er Jahre war die Inhaftierung im Zusammenhang mit Einwanderungsbeschränkung nur ein marginaler Geschäftszweig in der Gefängnisindustrie. Erst ab den 2000er Jahren begann man, in den *Sans Papiers* einen vielversprechenden Markt zu erkennen, und die Ereignisse des 11. Septembers 2001 stellen dabei, wie wir sehen werden, ein regelrechtes Geschenk des Himmels dar. 2003 erhielt die GEO-Gruppe den Zuschlag für die Verwaltung des Gefangenenlagers Guantanamo. Doch der 11. September erlaubte der Bush-Administration nicht nur, den Krieg gegen den äußeren Feind zu legitimieren. Der direkt im Anschluss verabschiedete *Patriot Act*, der nicht nur die Sicherheitskontrollen an den Grenzen der USA, sondern auch auf deren Territorium selbst verstärkte, eröffnete neue Perspektiven für die Gefängnismakler. Der Vorsitzende von Cornell Companies, einer der größten Firmen des Sektors, erkannte dies bereits Ende 2001, als er vor seinen Investoren ankündigte, dass es Zeit sei, sich für irreguläre Einwander_innen zu interessieren, insbesondere solche aus dem Nahen Osten: »Wir haben hier mehr als 900.000 Menschen aus dem Nahen Osten ohne Papiere. Das ist ein gutes Geschäft für uns [...] und die Ereignisse des 11. Septembers tragen dazu bei.«[21] Er sollte Recht behalten. Zwischen 2006 und 2010 wurde das staatliche Budget, das der Immigration and Customs Enforcement Agency (ICE) für die Identifizierung, Überwachung, den Transport, die Inhaftierung und Ausweisung von Migrant_innen zur Verfügung steht, um mehr als 50 % erhöht. Auf lokaler Ebene – Bundesstaaten, Countys, Gemeinden – ist ein vergleichbarer Anstieg der Ausgaben für die Bekämpfung der irregulären Einwanderung

---

21 Zitiert nach Christine Bacon: »The Evolution of Immigration Detention in the UK. The Involvement of Private Prison Companies«, RSC Working Paper n°27, September 2005, University of Oxford (frei übersetzt).

festzustellen, die sich auf Milliarden von Dollar belaufen. Ein guter Teil dieser Ausgaben wird die Taschen von Privatunternehmen füllen, die als Unterhändler die Phase der Inhaftierung von Migrant_innen für die öffentliche Verwaltung organisieren. Davon zeugt die sehr gute Geschäftsbilanz der CCA, deren Wert sich zwischen 2002 und 2007 verfünffacht hat. In einem Geschäftsbericht von 2009 beglückwünscht sich die GEO-Gruppe ihrerseits für die Aussicht auf weitere Entwicklungsmöglichkeiten auf föderaler und bundesstaatlicher Ebene und zeigt sich zuversichtlich: »Wir denken, dass die ICE weiterhin den Fokus auf die Inhaftierung und Ausweisung straffällig gewordener Ausländer legen wird. [...] Wir glauben, dass diese auf Aufspüren, Inhaftieren und Ausweisen von straffälligen Ausländern im ganzen Land gerichtete Staatsinitiative den Bedarf an Betten in den Strafvollzugsanstalten in den nächsten Jahren aufrecht erhalten wird.«[22]

So lange wie möglich einsperren

Die Zuversichtlichkeit der Geo-Führung erklärt sich aus der Gewissheit, dass es immer mehr Ausländer_innen ohne Papiere zum einsperren geben wird. Doch nicht nur das. Man hat außerdem verstanden, dass die Geschäfte umso mehr florieren, je länger die Insassen der Haftanstalten in selbigen bleiben. Die Verwahrungszeiten von *Sans Papiers* müssten also so lange wie möglich sein. Nach dem Beispiel der Strafgesetze, die Ende der 80er Jahre die Haftstrafen in den USA verschärften, sehen auch die Werkzeuge zur Bekämpfung der irregulären Einwanderung verlängerte Verwahrungszeiten vor.

Die hohen Gewinnchancen verdienten einen angemessenen Einsatz. Nach Informationen des Center for International Policy[23] sicherte sich die GEO-Gruppe Mitte der 2000er Jahre die Dienste von Lobbyisten, die vormals wichtige Posten in strategischen Behörden wie dem Department of Homeland Security (das 28 mit der Sicherheit des Landes befasste staatliche Behörden, darunter die ICE, umfasst), der staatlichen Strafvollzugsbehörde und dem Justizministerium bekleideten, ebenso wie Angehörige des Beraterteams des damaligen Vorsitzenden der Mehrheit im Senat, George Mitchell. Ziel war es, mithilfe dieser Zwischenhändler,

---

22 GEO Group: »Quarterly report pursuant to section 13 or 15(d) of the Securities Exchange Act of 1934, for the quarterly period ended september 27, 2009«. Frei übersetzt.
23 Siehe Homepage: <www.cipamericas.org>.

wenn nicht eine Änderung des Einwanderungsgesetztes, dann wenigstens Veränderungen in seinen Anwendungsbestimmungen herbeizuführen, um die Festnahmen und Inhaftierungen von Ausländer_innen ohne Papiere zu erhöhen. Nach dem Center for International Policy beliefen sich die Ausgaben für Lobbying der GEO-Gruppe und der CCA im Jahr 2005 auf 6 Millionen Dollar. Wenngleich ihnen zweifelsohne weitere Faktoren in die Hände spielten, kann man sich leicht ausrechnen, dass dieser Aufwand sich ausgezahlt hat: Zwischen 2006 und 2007 wurde die Zahl der Kontrollen an Arbeitsplätzen und Orten mit einer vermeintlich hohen Dichte an betreffender Bevölkerung (Bushaltestellen, Bahnhöfe) verdoppelt. Und die Hauptanklagepunkte begannen, sich zu ändern: Anstatt beispielsweise wegen falschen Gebrauchs einer Sozialversicherungsnummer verfolgt zu werden, wurden die Vergehen von Menschen, die die Dokumente anderer benutzten, nunmehr als kriminelle Handlungen eingestuft, die lange Haftstrafen nach sich ziehen. Daher erhöhte sich folgerichtig der Bedarf an Einrichtungen für die Aufnahme der Inhaftierten und an Dienstleistungen, um ihren Aufenthalt zu organisieren. Im Laufe derselben Periode stieg die Anzahl der inhaftierten Migrant_innen von 256.800 auf 311.000. Kurze Zeit nach diesen politischen Veränderungen rieten die Berater_innen an der Wall Street öffentlich zum Kauf von Aktien von Unternehmen, die im Sektor der Strafvollzugsindustrie tätig sind. Ein Rat, dem Vize-Präsident Dick Cheney Folge leistete: Er investierte zu jener Zeit große Summen in Vanguard, einen der großen Aktionäre der GEO-Gruppe.

Fruchtbare Allianzen

In derselben Logik wurde das Gesetz SB 1070 bei der Versammlung des American Legislative Exchange Council im Dezember 2009 entwickelt. Im Nachhinein fand man heraus, dass Senator Pearce, Urheber des Gesetzes, lange Zeit Seite an Seite mit der GEO-Gruppe und der CCA im Beraterkabinett getagt hatte. Um die Vorteile dieser Nähe zum Gesetzgeber zu komplettieren, wusste die private Gefängnisindustrie außerdem, ihre Interessen in der Exekutive in Arizona vertreten zu lassen. Im Januar 2010, kurz bevor man auch nur anfing, das Gesetz zu diskutieren, warb die CCA eine mächtige Lobbygruppe, Highground Consultants, für ihre Dienste an. Glücklicher Zufall: Der Inhaber dieser Gruppe ist der Kampagnenleiter von Jan Brewer. Und das ist noch nicht alles: Bevor er seinen aktuellen Posten einnahm, war der Sprecher der Gouverneurin für die Interessenvertretung von CCA in Arizona zuständig. Derartige Verbindungen haben zweifelsohne dazu beigetragen, dass die CCA den Großteil des Wahlkampfs von Jan Brewer finanzieren durfte, die im November 2010 gegen ihren demokratischen Kontrahenten wiedergewählt wurde. Für das Unternehmen, das bereits mehrere Haftanstalten in Arizona unterhält, stand mit der Annahme des Gesetzes, das den Bedarf an Gefängniskapazitäten vervielfachen würde, viel auf dem Spiel. Denn das Gesetz SB 1070 versprach beträchtliche Gewinne, da es der Polizei erlaubt, jede Person, die unter Verdacht steht, sich irregulär auf dem Staatsgebiet aufzuhalten, mit sofortiger Wirkung bis zu dem Zeitpunkt zu inhaftieren, zu dem sie für dieses Vergehen vor Gericht kommt. Die Unterschrift von Gouverneurin Brewer, die für sein Inkrafttreten nötig war, sollte die Tür dazu öffnen.

Es gilt festzuhalten: Die Gefängnisindustrie weiß schon seit Langem, wie sie sich unentbehrlich macht. Und die großen Firmen des Sektors sind in großem Umfang am Wahlkampf jener Kandidat_innen beteiligt, die ihnen in den Staaten nützlich sein können, in denen sie den Markt weiter für sich zu erschließen hoffen. Aus diesem Grund unterstützte die GEO-Gruppe 2009 den republikanischen Gouverneur McDonnell in Virginia und finanzierte die Vereinigung republikanischer Gouverneure. Um ihre Chancen zu erhöhen, leistete die CCA ihrerseits gleichzeitig Beiträge zu beiden Kampagnen der beiden Gegenkandidaten für den Gouverneursposten in Kalifornien, der Republikanerin Meg Whitman und dem Demokraten Jerry Brown. Beide Firmen leisteten außerdem einen nicht unwesentlichen finanziellen Beitrag zur Unterstützung der republikanischen Partei in Florida. Denn die Verabschiedung von Gesetz SB 1070 in Arizona ist vermutlich nur der erste Schritt. Tennessee, Oklahoma, Colorado, Florida und Pennsylvania könnten ihrerseits zu einer Verschärfung der Ausländergesetze tendieren. In jedem dieser Bundesstaaten erhalten politische Entscheidungsträger_innen oder Mitglieder der Verwaltung finanzielle Mittel von den Gefängnismaklern.[24]

Um zu überzeugen, spielen diese Unternehmen ihre Trümpfe voll aus: So sei deren Ansiedlung in einer Stadt oder in einem Bundesstaat gut für die dortige Wirtschaft. Auf ihrer Internetseite stellt die CCA ihre Vorteile folgendermaßen dar: Engagement lokaler Arbeitskräfte beim Bau der Einrichtungen, Steuerzahlungen in der Region, Schaffung von durchschnittlich

---

24   Die von der Organisation Think Progress erstellte Liste der Empfänger_innen dieser und ähnlicher Mittel ist im Internet einzusehen: <thinkprogress.org>.

zweihundert Arbeitsplätzen pro Anstalt. Sie vergisst natürlich zu erwähnen, dass die Gefängnisindustrie, die ja von ihren einzusperrenden >Kunden< lebt, erhebliche Ausgaben für Steuerzahler_innen mit sich bringt. Zugegeben, das Government Accountability Office (für die Kontrolle der öffentlichen Kassen zuständig) bedauerte 2009, dass man mangels ausreichender Daten nicht auswerten könne, was der Staat und die Gemeinden für den Kampf gegen illegale Einwanderung ausgegeben haben. Aber man kann sich leicht vorstellen, dass sich die Ausgaben auf lokaler wie föderaler Ebene seit der Intensivierung von Kontrollen und Festnahmen um Millionen von Dollar erhöht haben, insbesondere für zusätzlich eingesetzte Beamte.

Während der ersten zehn Jahre des 21. Jahrhunderts ist die Zahl der in den USA Inhaftierten dank der Verabschiedung zahlreicher Gesetze, die Hunderte Menschen zusätzlich ins Gefängnis brachten, um 85 % gestiegen, sodass sie sich 2010 auf landesweit 2.300.000 Gefängnisinsassen belief. Der gleiche Prozess scheint durch Gesetz SB 1070 angestoßen worden zu sein. Laut offiziellen Schätzungen beläuft sich die Zahl der mit ungeklärtem Status in den USA befindlichen Personen auf circa 12 Millionen. Das Potenzial dieses Pools an möglichen >Kund_innen< ist der Gefängnisindustrie nicht entgangen. Die Gefängnismakler haben goldene Zeiten vor sich.

Ein anpassungsfähiges Modell

Die Privatisierung der Ausländerhaft, wenngleich in den USA aufs Äußersten getrieben, existiert auch andernorts, besonders in den angelsächsischen Ländern. In Großbritannien herrscht ein Mischsystem: Der Staat kontrolliert einen Teil der Heime, ein anderer Teil wird während des gesamten Ablaufs, von Bau und Instandhaltung über Verwaltung bis hin zu sozialer und ärztlicher Betreuung, privaten Unternehmen anvertraut. Die GEO-Gruppe hat ihrerseits den Atlantik überquert und den Zuschlag für den Betrieb mehrerer Heime im Vereinigten Königreich erhalten. In Frankreich und Italien bleibt die behördliche Inhaftierung von Ausländer_innen derweil prinzipiell in öffentlicher Hand. Doch vom Outsourcing zahlreicher damit verbundener Tätigkeiten profitiert eine ganze Reihe von kleinen – oder sehr großen – Unternehmen, die sich in der Nähe der französischen >Abschiebehaftanstalten< ansiedeln und Verpflegung, Reinigung, Wäscherei und Instandhaltung für sie übernehmen. In Italien betraut die Regierung traditionellerweise Organisationen mit der Verwaltung von Untersuchungs- und Abschiebehaftanstalten, die jedoch mittlerweile Konkurrenz von spezialisierten Unternehmen bekommen. Diese Organisationen ziehen unter dem Deckmantel humanitärer Hilfe einen beträchtlichen Profit aus dieser Tätigkeit, die je nach Zahl der Insassen pro Tag bezahlt wird. Es wäre interessant, eine umfassende Bilanz der öffentlichen Kosten für die Inhaftierung von Migrant_innen in den Ländern aufzustellen, in denen sie praktiziert wird: Abgesehen von Infrastruktur und Verwaltung müssten bei so einer Kostenaufstellung die Ausgaben für juristischen (Anwälte oder Anwältinnen und Hilfsorganisationen, Übersetzer_innen), medizinischen und psychosozialen Beistand einbezogen werden, sowie für das Wachpersonal, das die Verlegung der Insassen durchführt. Da hauptsächlich die öffentlichen Kassen betroffen sind (jedoch nicht nur: in Frankreich stellen Migrant_innen, die ihre Verteidigung selbst zahlen, wenn sie in Abschiebehaft genommen werden, für viele Anwälte das Hauptklientel dar), wäre eine entsprechende Bilanz von großem Interesse für die Öffentlichkeit.

2
Die Ausbeutung der Angst

Die Akteure der Sicherheitsindustrie sind nicht die einzigen Profiteure der immer schärferen Einwanderungskontrollen, ihr wirtschaftlicher Mehrwert allein reicht nicht aus, um die neuere Entwicklung auf dem Gebiet zu erklären. Unabhängig von ihrer Effektivität wollen jene Regierungen, die schärfere Kontrollen beschließen, noch eine andere Wirkung erzielen, und zwar eine ideologische. Es gilt, mit spektakulären Mitteln und in reißerischen Diskursen die von aktuellen Unruhen verunsicherte öffentliche Meinung davon zu überzeugen, dass alles für ihre Sicherheit getan wird. Das setzt zunächst voraus, dass die Schuldigen ausfindig gemacht werden: Migrant_innen, als von der Globalisierung Abgehängte, eignen sich hervorragend. Ihre ›Fremdheit‹ macht es leicht, all die bedrohlichen Schreckgespenstern heraufzubeschwören, für die sie als Projektionsfläche dienen. Sie mit Kriminellen gleichzusetzen, mit Schmuggler_innen, feindlichen Eindringlingen und Terrorist_innen, legitimiert in einem zweiten Schritt jegliche Maßnahmen, um ihnen den Weg zu versperren, auch wenn die Grenzen der Legalität dafür verschoben werden müssen. Diese »Gouvernementalität durch Unsicherheit«[25] beschränkt sich derweil nicht auf migrationspolitische Fragen. In dem Bereich ist sie jedoch auf fruchtbaren Boden gefallen und hat zahlreichen politischen Entscheidungsträger_innen erlaubt, ihre Legitimität wiederzugewinnen, die durch ihre Unfähigkeit bedroht war, die Probleme anzugehen, mit denen ihre Bevölkerungen eigentlich konfrontiert sind.

Hinter den Mauern

»Die griechische Gesellschaft hat ihre Grenzen, was Einwanderung angeht, überschritten. Griechenland kann nicht mehr.« Mit diesen entschlossenen Worten schlug Christos Papoutsis, damaliger Bürgerschutzminister (Minister für Öffentliche Sicherheit) und somit für Einwanderungsfragen

---

25 Didier Bigo: »Sécurité et immigration: vers une gouvernementalité par l'inquiétude?«, in: Cultures & Conflits, n°31-21, 1998.

verantwortlich, Anfang 2011 Alarm und gab in dem Zusammenhang die Entscheidung seiner Regierung bekannt, eine Mauer entlang des Flusses Evros an der Grenze zur Türkei zu errichten. Mitten in einer akuten Wirtschaftskrise hatte die griechische Gesellschaft zweifelsohne andere Sorgen als die Ankunft irregulärer Einwanderer auf ihrem Staatsgebiet. Tatsächlich war ihre Zahl jedoch in wenigen Monaten genug gestiegen, um das Phänomen landesweit in die Schlagzeilen zu bringen. Allein in der Grenzregion Evros waren 2010 34.000 Menschen beim illegalen Überqueren der Grenze abgefangen worden, während es im Vorjahr nur 9.000 waren. Laut der Europäischen Kommission hatten zu der Zeit 80 Prozent der Migrant_innen, die irregulär die Europäische Union betraten, dies über Griechenland getan.

An der griechisch-türkischen Grenze

Dieser ›explosionsartige Anstieg‹ ist nicht dem Zufall zu verdanken. Zwischen 2005 und 2009 wurden die wichtigsten Einwanderungsrouten für den Zugang zur EU über Südeuropa eine nach der anderen geschlossen: zuerst mithilfe von Abschreckungseinrichtungen in der Straße von Gibraltar und vor den Küsten der Kanarischen Inseln jene Routen, die über Nordafrika auf die Iberische Halbinsel führte; dann, nachdem Italien die Zusammenarbeit mit seinen Nachbarn am südlichen Ufer des Mittelmeeres aufgenommen hatte, jene, die von Libyen und Tunesien aus durch den Kanal von Sizilien nach Italien und Malta führten. Es ist also unter diesen Umständen logisch, dass betreffende Migrant_innen mit Ziel Europa weiter östlich gelegene Wege wählen, insbesondere über die griechischen Inseln. Es gibt mehrere Indizien für eine solche Verschiebung: Während die in Griechenland befindlichen Migrant_innen bislang hauptsächlich aus Albanien, Afghanistan und dem Irak kamen, kommen neuerdings Nordafrikaner_innen und Afrikaner_innen aus Regionen südlich der Sahara hinzu. Um sie davon abzuhalten, startete die Grenzschutzagentur Frontex 2009 eine groß angelegte Operation unter dem Namen Poseidon, an der sich einundzwanzig Mitgliedsstaaten der EU beteiligten. Sie habe, laut ihren Initiatoren, zu 60 % weniger abgefangenen Migrant_innen in der Ägäis im Vergleich zum Vorjahr geführt – aber gleichermaßen, wie als mechanische Gegenwirkung, zu einer Steigerung der Ankünfte auf dem Landweg über die Türkei. Falls man noch einen Beweis bräuchte, wäre dies eine weitere Gelegenheit, um zu zeigen, dass die Hürden, die errichtet werden, um ihnen den Weg zu versperren, selten Menschen aufhalten können, die vor der Armut oder

Verfolgung aus ihrer Heimat fliehen. Sie zwingen sie lediglich, andere, im Allgemeinen längere und gefährlichere Routen einzuschlagen.

Um diesem >massiven Migrationsstrom< Herr zu werden, genehmigte die Europäische Union Griechenland im November 2010 für einige Monate den Einsatz der Sondermaßnahme Rabit (Rapid Border Intervention Teams): Mit hochentwickeltem Material ausgestattet, patrouillierten aus sieben Ländern zusammengestellte Teams von Grenzschützer_innen Tag und Nacht vor Ort, um Jagd auf aus der Türkei kommende Migrant_innen zu machen. Die griechische Regierung formulierte daraufhin die Idee, eine mehr als 200 Kilometer lange Mauer entlang der Grenze beider Länder zu bauen, nach dem Modell der Mauer, die die Vereinigten Staaten an der Grenze zu Mexiko errichtet haben. Das war wenige Wochen vor den Erklärungen Christos Papoutsis, die dann jedoch für ein ungemein nach unten korrigiertes Projekt vorgetragen wurden: als Mauer solle ein doppelter Drahtzaun dienen, der auf einem voraussichtlich 12,5 Kilometer langen Stück Grenze errichtet werden soll. Wenngleich man die wirtschaftlichen Gründe für diesen Kurswechsel leicht nachvollziehen kann, ist die abschreckende Wirkung einer derartigen Vorrichtung schwer vorstellbar, wo man doch nur wenige Kilometer weiter der überwachten Zone entgehen kann.

Mehr als an der amerikanischen Mauer muss sich die Konstruktion in Griechenland nun also von den Zäunen um die spanischen Enklaven in Ceuta und Melilla, im Norden Marokkos, inspirieren lassen. An Beispielen für Befestigungsmauern zur Verhinderung von Grenzübertritten, die seit dem Fall der Berliner Mauer aus dem Boden sprießen, mangelt es wahrlich nicht – man schätzt, dass es heute um die 18.000 Kilometer dieser Art von Schutzwällen auf der Welt gibt.

Um Ceuta und Melilla

Die Schutzwälle, die Ceuta und Melilla umschließen, stammen von Mitte der 1990er Jahre. Es handelt sich um Drahtzäune, die immer wieder erhöht und mit neuen technischen Mitteln aufgerüstet wurden, insbesondere im Jahr 2005, nachdem mehrere Hundert Flüchtlinge versucht hatten, die Enklaven zu erstürmen – ein Zwischenfall, der den Tod von mindestens 15 der Geflohenen gefordert hatte, die entweder von den Kugeln des marokkanischen Militärs getötet oder nach ihrem Fall totgetrampelt worden waren. In seiner Gesamtheit besteht die Befestigung heute aus einem dreifachen Zaun von sechs Metern Höhe, ausgestattet mit einer Kippvorrichtung, um das Klettern zu erschweren. Das System wird durch Radargeräte und Videokameras perfektioniert, die es der spanischen Guardia Civil erlauben, bis zu zwei Kilometer weit in marokkanisches Territorium hinein jede Bewegung zu überwachen. Ist es effektiv? Auf den ersten Blick ja. In Kombination mit der elektronischen Abschirmtechnik an der andalusischen Küste, die zur selben Zeit eingerichtet wurde[26], haben die ›Gitter‹ von Ceuta und Melilla den bisher einfachsten Weg auf den europäischen Kontinent für Afrikaner_innen ohne Papiere, die Straße von Gibraltar, praktisch versperrt. Doch anstatt den ›Strom‹ versiegen zu lassen, haben sie ihn in Wirklichkeit umgelenkt. Tatsächlich begannen ab 2005 die Überfahrten mit *cayucos*, Fischerbooten, mit denen Migrant_innen versuchen, zunächst von Marokko und später von Mauretanien, dem Senegal und sogar Guinea aus die Kanaren zu erreichen. Ebenfalls zur selben Zeit entwickelten sich die Ausweichrouten durch die Wüste in Richtung Libyen und Italien.

Nebenbei dürfte die Mauer von Ceuta und Melilla zu einigen Bereicherungen marokkanischer Polizist_innen und Militärs sowie Beamt_innen der Guardia Civil beigetragen haben, die weiterhin gegen Bezahlung den reichsten unter den potenziellen Passagieren den hochbegehrten Zutritt zum spanischen Territorium gewähren. Was jedoch vor allem bleibt, ist die symbolische Dimension und die Botschaft, die diese Mauer vermittelt. Im selben Moment errichtet, zu dem am anderen Ufer des Mittelmeeres die Schengener Konvention in Kraft trat, mit der die Kontrollen an den Innengrenzen der Europäischen Union abgeschafft wurden, um gleichzeitig die Kontrollen an den Außengrenzen überproportional zu verschärfen, dient der Schutzwall von Ceuta und Melilla vor allem dazu, das ›Drinnen‹ und ›Draußen‹ physisch zu markieren. Selbst wenn das ›Drinnen‹, wie im Falle dieses Konfettis von europäischen Stückchen auf afrikanischem Boden – von insgesamt kaum 30 Quadratkilometern – vollkommen künstlich hergestellt ist. Als Sinnbild für die Externalisierung der europäischen Migrationspolitik ist die Mauer auch Ausdruck der Mitarbeit, die Marokko für die EU leistet, um den ›Zustrom‹ von Unerwünschten aus dem Süden einzudämmen und zeigt Letzteren den Platz an, der ihnen zugedacht ist: hinter der Mauer. Ganz gleich übrigens, ob sie die Mauer tatsächlich überwinden oder nicht.

---

26 Es handelt sich um das von der EU finanzierte SIVE-System, das ab 2002 entlang der spanischen Mittelmeerküste installiert wurde.

Dies ist durchaus eine der Funktionen der ›Antimigrationsmauern‹: diese »asymmetrischen Membranen«[27] manifestieren die Nord-Süd-Spaltung, die die vermögenden Länder von jenen trennt, deren Einwohner_innen sich gezwungen sehen, ihr Glück andernorts zu suchen, mit Unterschieden im Bruttosozialprodukt, die für sich sprechen (von eins zu sechs zwischen Mexiko und den Vereinigten Staaten und eins zu sechzehn zwischen Marokko und den spanischen Städten Ceuta und Melilla). Doch sie sind kein Vorrecht der Länder des globalen Nordens. 2003 errichtete Botswana einen elektrischen Zaun von mehr als 800 Kilometern Länge an der Grenze zu Zimbabwe. Offiziell zur Eindämmung einer Maul-und-Klauenseuche-Epidemie. In Wirklichkeit ging es jedoch darum, den ›Zustrom‹ von Flüchtlingen aus den Grenzregionen einzudämmen, die vor der schweren politischen und wirtschaftlichen Krise in ihrem Land flohen. Und die beiden Länder, die die längste befestigte Antimigrationsmauer trennt, sind Indien und Bangladesch.

Zwischen Indien und Bangladesch

Als indirektes Nebenprodukt der Spaltung von 1947, die das damalige Britisch-Indien in zwei Länder teilte, die Indische Union und Pakistan – von dem sich 1971 das unabhängig gewordene Bangladesch trennte – kann die 1992 von Indien errichtete Absperrung betrachtet werden, die bangladeschischen Flüchtlingen den Zutritt zum indischen Staatsgebiet verwehren soll. Ursprünglich im Kontext nationalistischer und religiöser Spannungen (gekennzeichnet vor allem durch die entschlossene Ablehnung der Einwanderung mehrheitlich muslimischer Bangladescher_innen seitens der buddhistischen indischen Minderheit) zum ›Schutz‹ der indischen Provinz Assam errichtet, soll sich die Mauer gemäß einer Entscheidung der indischen Regierung im Jahre 1998 über die gesamten 4.000 Kilometer Länge der Grenze zu Bangladesch erstrecken. Die Kosten für dieses Projekt werden auf eine Milliarde Dollar geschätzt, Ende 2011 hatte die Absperrung in Gestalt zweier Reihen ca. 2,5 Meter hohen Stacheldrahtzauns bereits eine Länge von 2.500 Kilometern erreicht. Die Schließung dieser Grenze zeugt von einer Vermischung identitärer Abschottung, der Angst vor Invasion und der Instrumentalisierung des Arguments vom Kampf gegen den Dro-

---

27 Ulf Hedetoft, zitiert nach Evelyne Ritaine: »La barrière et le checkpoint. Mise en politique de l'asymétrie«, in: Cultures & Conflits, n°73, 2009.

gen- und Waffenschmuggel und/oder den Terror (hier islamistischen), das für den Bau von Antimigrationsmauern oft ausschlaggebend ist.

Mehr noch als sonst steht die Eitelkeit dieses Projekts im Gegensatz zu der Effektivität, die es verspricht. Zunächst insofern, als dass die Region seit Jahrzehnten von der intensiven grenzüberschreitenden Wirtschaft lebt, die die Tausenden von Menschen aufrechterhalten, die an dieser Grenze leben, und deren Unterbindung nur schwer vorstellbar ist – selbst wenn die Kosten (um die Grenzschützer zu kaufen) und die Risiken (von der indischen Armee erschossen zu werden) für die, die ihr ausgeliefert sind, proportional zum Ausbau der Mauer steigen. Des Weiteren, weil die 1947 auf dem Reißbrett gezogene Trennlinie die sehr direkten wirtschaftlichen, kulturellen und familiären Bande nicht berücksichtigt, die beide Seiten der Mauer miteinander verbinden. Dies ist vor allem in der Region um Bengalen der Fall, wo Gemeinden künstlich aufgeteilt und einige ihrer Mitglieder plötzlich zu Inder_innen und andere zu Bangladescher_innen gemacht wurden. Da diese Bande von der offiziellen Teilung unberührt blieben, müssten sie zu ernsthaftem Widerstand gegen die Stacheldrahtzäune führen. Und schlussendlich ist das Projekt schon allein deshalb zur Ineffektivität verurteilt, da es keinerlei Hinweis darauf gibt, dass sich die wirtschaftlichen und geografischen Faktoren, die die meisten Bewohner_innen Bangladeschs zur Flucht zwingen, umkehren könnten. Ganz im Gegenteil. Mit einer der höchsten Bevölkerungsdichten der Welt – 1.099 Einwohner_innen pro Quadratkilometer – fand sich das Land 2013 auf Rang 146 von 187 auf dem Human Development Index des Entwicklungsprogramms der Vereinten Nationen. Und es ist vor allem eines der am stärksten von globaler Erwärmung bedrohten. Von mächtigen Strömen durchzogen, auf den Routen tropischer Zyklone gelegen und mit einem Großteil seines Territoriums mindestens einen Meter unter dem Meeresspiegel, könnte Bangladesch Schätzungen zufolge in den nächsten 25 Jahren zwischen einem Fünftel und einem Drittel seiner Fläche verlieren. Das würde mehrere Dutzend Millionen Personen in die Flucht treiben und somit einen Exodus auslösen, den keine Mauer aufhalten könnte.

Der indischen Regierung sind diese Daten natürlich bekannt, doch es nicht davon auszugehen, dass sie viel Gewicht bei ihrer Entscheidung die Grenze zu verriegeln hatten. Für sie ergibt sich die gestaltgewordene Abgrenzung von Bangladesch aus ganz anderen Sorgen. Beispielsweise aus dem Anliegen, die regionale Hegemonie in einer Umgebung zu untermauern, in der diese stetig infrage gestellt wird, insbesondere von Pakistan. Der Wirtschaftswissenschaftler Jagdish Bhagwati, der die Politik, die in dem Bau einer Barriere zwischen Indien und Pakistan zum Ausdruck kommt, als »großartig, wenn auch wirkungslos« bezeichnete, erläuterte: »Eine Mauer zu bauen, ist die beste Art, nichts zu tun und dabei den Eindruck zu erwecken, etwas zu tun.«[28] Wir werden im Folgenden sehen, dass es politisch ebenso rentabel sein kann, keine Barriere zu bauen, aber zu behaupten es zu tun.

Entlang des Negev

Ende 2010, in dem Moment, in dem die griechische Regierung die Absicht äußerte, einen Teil des Ufers des Evros zuzumauern, gab der israelische Premierminister den Bau einer 260 Kilometer langen Barriere zwischen der Wüste Negev und dem ägyptischen Sinai bekannt, mit der die Einwanderung aus Afrika über Ägypten bekämpft werden sollte. Laut Benjamin Netanjahu waren zwischen 2005 und 2010 24.000 Menschen auf irregulärem Weg von Süden nach Israel eingewandert, davon mehr als 10.000 allein im gerade auslaufenden Jahr. Diese »Invasion« hat ihren Ursprung größtenteils im Sudan und in Eritrea, aber mehr und mehr stammen die Migrant_innen auch aus Zentral- und Westafrika – eine weitere Konsequenz der Abschottung Europas im Mittelmeerraum, die Migrant_innen auf Ausweichrouten zwingt. Das Projekt wurde mehrmals vertagt – was, wie wir sehen werden, das Gefühl der Dringlichkeit seiner Fertigstellung verstärkt –, würde aber, einmal abgeschlossen, eine Befestigungsmauer vervollständigen, die Israel dann komplett umschlösse: Nach dem elektrischen Zaun, der zuerst an der libanesischen Grenze, später entlang der Golanhöhen zwischen Israel und Syrien, und schließlich an der Grenze zu Jordanien bis hinunter zum Roten Meer gebaut wurde, nach der hermetischen Abschirmung des Gazastreifens, nach der Betonmauer die Israel von den Palästinensergebieten trennt, bestünde diese neue Antimigrationsmauer aus einem Elektrozaun von etwa 50 Kilometern Länge von Eilat nach Norden und von Gaza nach Süden. Zwischen den beiden Städten ist eine mit Sensoren und Radargeräten ausgestattete und von mobilen Grenzschutzpatrouillen überwachte elektronische Sperre mitten in der Wüste geplant. Wenn diese erst einmal gebaut ist, so sie das jemals sein sollte, ist also das gesamte israelische

---

28 Zitiert nach Wendy Brown: »Murs. Les murs de séparation et le déclin de la souveraineté étatique«, in: Les Prairies ordinaires, Paris, 2009.

Staatsgebiet von Zäunen umringt, die dem Ziel dienen, den vielgestaltigen Feind zurückzudrängen.

Die Vermischung der unterschiedlichen Gesichter des Feindes ist im Übrigen eine Spezialität des Regierungsdiskurses: Benjamin Netanjahu betont, »Israel wird nicht zulassen, dass seine Grenzen missbraucht werden, um das Land mit illegalen Arbeitern zu überschwemmen«, und habe außerdem »die Entscheidung getroffen, die südliche Grenze Israels für Eindringlinge und Terroristen zu verschließen. Es handelt sich um eine strategische Entscheidung, um die jüdische und demokratische Kultur Israels zu erhalten.« Hier sind nun also Terroristen, Feinde Israels und nicht-jüdische Migrant_innen in einen Sack gesteckt und der Öffentlichkeit als ähnliche Bedrohung für die jüdische Identität des Landes präsentiert worden. Diese Rhetorik knüpft an die des extremen rechten Rands im israelischen Parlament an, der stetig die Wahnvorstellung heraufbeschwört, Israel würde zu einem »afrikanischen Land«. Laut dem Abgeordneten Yaakov Katz, »werden wir in einigen Jahren mehr als 100.000 afrikanische Migranten im Land haben und die Einwohner Tel-Avivs werden in die Kolonien auswandern müssen«. Um das Bild zu vervollständigen, wird den »illegalen Einwanderern« – die im Allgemeinen für die schwersten Arbeiten eingestellt sind und in den urbanen Ghettos leben – die Schuld für den Kriminalitätsanstieg zugeschrieben, eine Anschuldigung, die durch keinerlei statistische Erhebung gestützt ist.

In einem Land, das Mauern einerseits zur Verteidigungswaffe par excellence macht, gleichzeitig aber auch zum Sinnbild für seine nachbarschaftlichen Beziehungen, erscheint die Konstruktion einer Barriere in der Wüste Negev als logische Reaktion auf ein Phänomen, das wie die neue Südfront dargestellt wird und xenophobe Reflexe in einer Gesellschaft hervorruft, die prompt auf Paranoia umschaltet. An die Notwendigkeit dieser Maßnahme zu erinnern, erlaubt der Regierung außerdem, die Unzulänglichkeit des angrenzenden Ägyptens zu kritisieren, dem vorgeworfen wird, seine Grenzen nicht ausreichend zu kontrollieren – und das obwohl Menschenrechtsorganisation regelmäßig die »shoot to stop«-Praxis der ägyptischen Polizei anklagen, die Menschen erschießt, die verdächtigt werden, ebenjene Grenze überqueren zu wollen.

Über die Mauer sprechen

Über die Mauer zu sprechen, scheint letztendlich eine ebenso wichtige Funktion zu erfüllen wie sie zu bauen. Der israelische Premierminister, der drei Jahre in Folge betonte, wie dringend die Tür zur Wüste dichtgemacht werden müsse, hat das bestens verstanden. Schon Anfang des Jahres 2010 hatte er unterstrichen, dass Israel »das einzige Land der entwickelten Welt« sei, »das zu Fuß von der dritten Welt erreicht werden kann« und, um das Bild des besetzten Bodens zu perfektionieren, hinzugefügt: »Wenn wir uns nicht beschützen, wird Israel von Hunderten, von Tausenden von ausländischen Arbeitern und Illegalen überschwemmt.« Die Kosten für das Mauerbauprojekt wurden auf 400 Millionen Dollar geschätzt. Als er zwei Jahre später – mit dem Bau wurde noch nicht begonnen – unter Wiederholung der Flutwellen-Metapher auf das Projekt zurückkommt, beschreibt er die eingewanderte Bedrohung als »nationale Geißel«, die unbedingt »eingedämmt« werden müsse, damit Israel nicht »ertränkt« wird. Dieses Mal steht ein Budget von 630 Millionen Dollar zur Debatte, zugegebenermaßen inklusive eines Asylgefängnisses. Sollten diese Projekte in die Tat umgesetzt werden, gibt es guten Grund zu der Annahme, dass sie nur zum Teil aus den genannten Gründen vorgenommen werden, die wahren Motive jedoch zweifelsohne ganz woanders liegen: der israelische Kontext illustriert fast schon karikaturistisch, dass die Mauer in erster Linie dazu dient, die Macht des souveränen Staates zu festigen und seine Fähigkeit zur Schau zu tragen, den Migrant_innen in absolut untergeordneter Position alle Wege zu versperren.

»Wall of shame«: Die US-amerikanisch-mexikanische Mauer

Aber ist es das, was man von einer Mauer erwartet? Wohl kaum. Nach Meinung zahlreicher Beobachter erfüllt die wohl bekannteste der Antimigrationsmauern, die zwischen den USA und Mexiko, den Zweck der Abschreckung jener, die jedes Jahr zu Tausenden versuchen, auf die ›gute‹ Seite zu kommen, und somit die Gier einiger Sektoren der US-Wirtschaft nach billigen Arbeitskräften stillen, nur sehr marginal. Die Erfahrung zeigt, dass die Zeiten der Finanzkrise in diesem Sinne sehr viel effektiver waren: Indem die Aussicht auf Arbeit eingeschränkt wurde, sank die Zahl der Einwander_innen. Denn in dieser Region ist die Migration, wie so oft, das Produkt zweierlei Bewegungen: Sie ist von der Notwendigkeit motiviert, benachteiligte Regionen zu verlassen, und wird gleichzeitig durch die wirtschaftliche Nachfrage im Zielland befeuert. Angesichts dieses Drucks fällt es schwer, im Bau der Mauer etwas anderes als die Reaktion der US-Regierung auf die einwanderungsfeindliche Lobby zu sehen, die in der Grenzregion zu Mexiko sehr aktiv und einflussreich ist.

Davon zeugt auch der Meinungsumschwung des damaligen Präsidenten George W. Bush im Jahre 2006. Sich des Erstarkens einer Latino-amerikanischen Wählerschaft ebenso bewusst wie der Ungeduld von Firmenbossen angesichts von Arbeitskräftemangel, sprach sich Bush für die Legalisierung der irregulär im Land befindlichen Migrant_innen und für einen Vertrag über legale Einwanderung mit Mexiko aus. Doch unter dem Druck des reaktionärsten Flügels seiner republikanischen Partei musste er bei beiden Projekten eine Kehrtwende machen, um letztendlich den Bau von 1.100 Kilometern Mauer zu beschließen – in Wirklichkeit ein von Kontrolltürmen durchsetzter und mit elektronischer Überwachungsmaschinerie verstärkter Zaun entlang der Südgrenze Kaliforniens und Arizonas. Und wenngleich sein Nachfolger, Barack Obama, im Laufe seiner Wahlkampagne[29] noch erklärt hatte, die größte Gefahr sei es, »neuen Mauern zu erlauben, uns voneinander zu trennen«, tat er, einmal ins weiße Haus gewählt, nichts, um das Voranschreiten der »Mauer der Schande«, wie ihre Gegner sie nennen, aufzuhalten. Ganz egal, ob sie den Schmuggel sogar noch intensiviert und die Kosten für Grenzüberschritte steigen lässt.

Die Bedrohung der Mauer

Als der griechische Minister Christos Papoutsis Anfang des Jahres 2011 den Bau einer Mauer an der türkischen Grenze zwischen den Dörfern Nea Vyssa und Kastanies versprach, klang es, als müsse alles sehr schnell gehen: der »Invasion« müsse umgehend ein Ende gesetzt und die Türkei mit »ihrer eigenen Verantwortung in diesem Zustrom von Illegalen« konfrontiert werden. Der Bau der Mauer sollte Ende März beendet sein, versprach er. Doch im Frühling? Nicht die geringste Spur eines Zauns. Im Juli waren achtzehn Löcher in der Nähe von Nea Vyssa gegraben worden, in die die Pfosten für die zukünftige Befestigung eingelassen werden sollten... Doch sechs Monate später gab es noch immer keine Fortschritte am Bau und es stellte sich heraus, dass die Europäische Kommission, bei der die griechische Regierung Finanzhilfen für den fünf Millionen Euro teuren Bau der Mauer erbeten hatte, mit der Begründung abgelehnt hatte, das Projekt an sich

---

29   Bei einem Besuch in Berlin, Anm. d. Übers.

stelle nicht die Lösung für das Problem der illegalen Einwanderung in der Region dar. Zur gleichen Zeit berichtete die griechische Presse, dass laut ministeriellen Angaben die Einwander_innen nicht mehr über den Evros bei Nea Vyssa ins Land kämen. Vielmehr versuchten sie nunmehr, fünfzig Kilometer südlich der Stadt Soufli die Grenze zu überqueren. Anfang 2012 ließ die griechische Regierung noch verlautbaren, die Mauer würde in fünf Monaten fertiggestellt...

Ob sie die Wahrheit sagt oder nicht, es versteht sich, dass die symbolische Tragweite der Mauer – da wo es sie gibt – mehr zählt als die Mauer selbst. Und dass manchmal selbst die Androhung der Mauer ausreicht – da wo nicht sicher ist, ob es sie je geben wird. Denn Mauern sollen genauso wenig wie die Versprechungen von Mauern tatsächlich die Grenzübertritte von Migrant_innen verhindern. Sie fungieren als Vorbote, der eventuellen Migrant_innen deutlich machen soll, dass die letzte Hürde ihrer Reise nicht die einfachste wird, und sie auf das Los der Illegalen vorbereitet, das sie erwartet. Aber sie sollen auch Mut machen: nicht nur den Anwohner_innen, die von diesen handfesten Beweisen, dass die Regierenden die Probleme in die Hand nehmen, beruhigt werden; auch den Staaten selbst, die durch Unterstreichen ihrer Grenzen ihren eigentlich voranschreitenden Souveränitätsverlust zu kompensieren suchen.

Den Feind benennen

Mauern sind nicht nur dazu da, die Grenze zwischen zwei Ländern zu markieren. In Rumänien hat die Stadtverwaltung von Baia Mare (im Norden des Landes) eine Mauer in der Nähe zweier von Roma bewohnter Häuserblocks mit Sozialwohnungen errichtet. Ganz aus Beton (und nicht aus Holz, um den Diebstahl von Material zu vermeiden), fast zwei Meter hoch und hundert Meter lang, soll sie laut dem Bürgermeister der Stadt dazu dienen, Kinder, die in der Nähe der benachbarten Straße spielen, vor Autos zu »schützen«: »Wir sind der Überzeugung, dass das Projekt der Abgrenzung des Wohngebiets von den Verkehrsrouten dazu beitragen wird, die Zahl der Unfälle zu senken.« Auf kritische Stimmen, die den Bürgermeister der Diskriminierung beschuldigten, erwiderte der Stadtverwalter: »Wir werden die Mauer verschönern, wir wollen ein Kulturgebiet herstellen.« Roma werden nicht nur in ihren Herkunftsländern, sondern auch im Rest Europas diskriminiert, wo ihre die Reisefreiheit eingeschränkt wird, obwohl diese allen Bürgerinnen und Bürgern der Europäischen Union zusteht, zu denen auch sie gehören. Der Umgang einiger EU-Mitgliedsstaaten, beispielsweise Frankreichs und Italiens, mit der Roma-Bevölkerung spiegelt auf kleinerem Maßstab den Umgang wider, den Industriestaaten generell mit Einwander_innen pflegen: Die Kontrollen und Belästigungen, denen Roma ausgesetzt sind, dienen weniger dazu, ihre Mobilität zu unterbinden, als viel mehr dazu, einen Feind zu benennen – in diesem Fall in Gestalt des Kriminellen –, was den Autoritäten erlaubt, Bestimmtheit zur Schau zu stellen, um die mit Absicht beunruhigte öffentliche Meinung zu beruhigen. Davon zeugt die Affäre um den Abbau von Roma-Camps in Frankreich 2010.

Die Affäre begann mitten im Sommer. Sie fand vor dem Hintergrund mehrere Nächte dauernder Unruhen in der Region um Grenoble nach einem bewaffneten Raubüberfall statt, bei dem Polizisten mit scharfer Munition beschossen wurden. Später wurden im Zentrum des Landes Autos und Verwaltungsgebäude in Brand gesteckt, Fenster zertrümmert und eine Polizeibrigade angegriffen; die Reaktion auf den Tod eines jungen Mannes der Gemeinde der Sinti und Roma, herbeigeführt durch einen Polizisten bei der Errichtung einer Straßensperre. Direkt im Anschluss wurde der Innenminister versetzt und ein Präfekt entlassen, dessen Nachfolger der Staatschef mit einer Rede ins Amt setzte, die als »Rede von Grenoble« in die Annalen einging und in der er Themen der Sicherheit, Stadtpolitik, Bildung, Nationalität und Einwanderung miteinander vermischte.

Die »Rede von Grenoble«: Vermischung und Gleichmachung

Auf der Welle der durch die Guerilla-Stimmung hervorgerufenen Emotionen schwimmend, die einige Tage in einem Stadtteil Grenobles herrschte, bediente sich die Rede des damaligen Präsidenten Nicolas Sarkozy einer doppelten Vermischung. Zunächst versprach er als eine der angeblichen Reaktionen auf die hohe Kriminalitätsrate »mit absolut fester Hand gegen illegale Einwanderung vorzugehen« – obwohl bei den Ereignissen, die am Anfang der Unruhen standen (der bewaffnete Raubüberfall), keine Beteiligung von Ausländer_innen oder Eingewanderten erwiesen wurde. Dann, als gäbe es eine Verbindung zwischen beiden Dingen, kündigte er, wie als Beispiel für seine eiserne Hand, das Ende der »wilden Ansiedlung von Roma-Lagern« an, spielte auf die Nichtbeachtung der legalen Stellplätze für fahrendes Volk an und griff den »Missbrauch des Rechts auf Personenfreizügigkeit« an, dessen sich die »Zehntausenden irregulären Einwanderer, wie die Roma« schuldig machten, die jedes Jahr abgeschoben werden.

Mithilfe dieser Vermischungen und gewagten Assoziationen lässt uns die Rede von Grenoble nun also Folgendes glauben: 1. der Kampf gegen illegale Einwanderung könnte der Mobilität von Roma ein Ende setzen und folglich all jener, die unberechtigt die Stellplätze für fahrendes Volk besetzen, von denen die Lagerstätten geräumt werden müssten; 2. dass dieser doppelte Prozess der Abschiebung (von den Zeltplätzen und aus Frankreich) gleichzeitig die Sicherheit in einem Land wiederherstellen könnte, das durch die erwiesene Kriminalität dieser bedrohlichen Bevölkerungsgruppe gefährdet sei.

An dieser Argumentationsweise ist nichts richtig. Auf der einen Seite sind die »fahrenden Völker«, die die Stellplätze hauptsächlich für ihre Wohnwagen nutzen, in ihrer großen Mehrheit französisch und können somit in keinem Fall abgeschoben werden. Was die Illegalität ihrer Siedlungen angeht, so ist diese oft erzwungen: Das Gesetz, das Kommunen verpflichtet, ihnen Stellfläche zur Verfügung zu stellen, wird in Wirklichkeit selten befolgt. Das hat folglich sehr wenig mit den Roma aus Osteuropa zu tun, die in den Westen kommen, um dem Elend und der Diskriminierung zu entfliehen, denen sie in den Staaten, deren Nationalität sie besitzen, ausgeliefert sind. Diese sind nur deshalb »fahrend«, weil es ihnen nirgendwo erlaubt ist, sich niederzulassen. Die meisten von ihnen sind außerdem europäische Staatsangehörige (Rumän_innen und manchmal Bulgar_innen), für sie gelten also nicht die gleichen Regeln wie für Nicht-EU-Ausländer_innen beim Überqueren der Grenzen der Europäischen Union. Wenn sie, unter bestimmten Bedingungen, gewaltsam ausgewiesen werden können, hindert sie nichts daran, nach Frankreich zurückzukehren, da die Personenfreizügigkeit ein Recht ist, das allen Bürgerinnen und Bürgern der EU zusteht. Und letztlich gibt es keine Studie und keine verlässliche statistische Quelle, die bestätigen könnte, dass Roma krimineller sind als andere. Und dennoch hielt der Innenminister es für ein angemessenes Mittel zur Legitimierung seiner Politik der Räumung unerlaubter Lager, im Laufe des Jahres 2012 zu erklären, dass »die Kriminalität von Menschen bulgarischer Nationalität beispielsweise in Paris um 138 Prozent gestiegen sei«. Abgesehen von der Verwechslung von Rumänen, ausländischen Roma und französischen Roma, zu der sie zwangsläufig führt, entbehrt diese Aussage jedweder wissenschaftlichen Grundlage: Niemand konnte der Polizeistatistik habhaft werden, auf die der Minister seine Äußerungen zu stützen vorgab. Im Übrigen tendieren die wenigen öffentlichen Statistiken, die zum Thema Ausländerkriminalität zur Verfügung stehen, dazu, diesen zu widersprechen und stattdessen einen Rückgang von Festnahmen rumänischer Staatsangehöriger zu belegen.[30]

Die unmögliche Bilanz der medienwirksamen Räumungen

Auf Grundlage dieser Ansammlung von Lügen wurde Anfang August 2010, im Nachklang der Rede von Grenoble, eine sehr medienwirksame landesweite Zerschlagungsaktion von Roma-Lagern in Frankreich gestartet. Sie begann mit der Verteilung einer öffentlichen Mitteilung an alle Präfekte, in der diese dazu aufgerufen wurden, »systematische Maßnahmen einzuleiten, um illegale Lagerstätten zu räumen, insbesondere die der Roma«, da das erklärte Ziel (das der Präsident auf 300 zu räumende Camps gesteckt hatte) »eine umfassende wöchentliche Operation (Räumung/Abbau/Rückführung)« erfordere. Diese Mitteilung, die gegen französisches Recht verstößt, das ethnische Selektion verbietet – und einen Monat später vom französischen Innenministerium zurückgezogen wurde –, bricht außerdem europäisches Recht. Aber was macht das schon. Was zählt, sind die spektakulären Polizeieinsätze und Festnahmen, begleitet von regelmäßigen Auftritten des Innenministers, und die mediale Begleitung des Ganzen, die für ein paar Wochen die Medienlandschaft bestimmte.

Nur ein paar Wochen allerdings, da die Aufruhr sich relativ schnell wieder gelegt hatte und es sich, nach den ersten selbstzufriedenen Erklärungen der Regierung, als sehr schwierig herausstellte, eine Bilanz der Aktion zu ziehen. Fünfzehn Tage nach deren Beginn hatte der Innenminister Interventionen in 40 Camps angekündigt, dank derer »700 Menschen in ihr Herkunftsland zurückgeführt werden sollten«, nach Rumänien oder Bulgarien. Am 17. August belief sich die Zahl der zerstörten Camps laut derselben Quelle auf 51. Einen Monat später versicherte der Präsident, dass fast 500 Camps geräumt worden seien, »von denen 199 von 5.400 Roma bewohnt waren«. Um die Polemik über die diskriminierende Haltung der französischen Behörden nicht weiter anzufachen, fügte er hinzu, dass »das fahrende Volk, also Franzosen, zwischen zwei Dritteln und drei Vierteln der Räumungen ausmachte«. Doch weder damals noch zu einem späteren

---

30   Laurent Mucchielli: »Chiffres invérifiables, amalgames et contre-vérités sur les Roms. Un scandale d'État?«, 2. September 2010, <www.laurent-mucchielli.org>.

Zeitpunkt wurde eine offizielle Bestandsaufnahme gemacht, um diese Erklärungen zu überprüfen. Auf Nachfragen der Presse verweigerte das Innenministerium die Weitergabe jeglicher präziser Information. Weniger als ein Jahr nach der Rede von Grenoble, im Juni 2011, begnügte sich der Minister mit der Antwort, dass »viele illegale Lager geräumt« worden seien. Die Repräsentanten der Roma-Gemeinschaft gaben hingegen an, dass sie »keinerlei Anstieg von Abschiebungen« im Laufe des Sommers 2010 feststellen konnten und die Auswirkungen der stigmatisierenden Erklärungen bedauerten.[31]

Es gab sehr wohl Rückführungen von Roma nach Bulgarien und Rumänien. Doch im Hinblick auf die aufsehenerregenden Erklärungen des Innenministeriums handelt es sich um eine doppelte Täuschung: Weder wurden die betreffenden Personen >abgeschoben<, noch ist die Wahrscheinlichkeit besonders hoch, dass diese nicht in den Tagen oder Wochen nach ihrer Abreise nach Frankreich zurückgekehrt sind.

Falsche Abschiebung und wahrscheinliche Rückkehr

Seit 2007, als Bürgerinnen und Bürger aus Bulgarien und Rumänien Bürgerinnen und Bürger der EU wurden, haben Roma aus diesen Ländern das Recht, in die EU und innerhalb der EU zu kommen und zu gehen, wie es ihnen beliebt. Die Bedingungen, unter denen sie abgeschoben werden dürfen – allein aus Gründen der öffentlichen Ordnung – sind sehr eng definiert. Um diese Schwierigkeit zu umgehen, die sie daran hindert, sich einer als unerwünscht eingestuften Bevölkerungsgruppe zu entledigen, bedienen sich die französischen Behörden einer Strategie, mit der sie die Illusion der eisernen Hand aufrecht erhalten können: Die Hilfe zur »humanitären Rückkehr«. In Wirklichkeit handelt es sich dabei um eine finanzielle Hilfe, die Bewohner_innen eines von Räumung betroffenen Camps zum Handeln zwingen soll. Formell haben alle Betroffenen das Recht, sich zu weigern, in die Bullis zu steigen, die meist in der Nähe auf sie warten, aber das ungleiche Kräfteverhältnis macht aus diesem Angebot in der Realität einen Zwang. Die Hilfe zur humanitären Rückkehr wurde zur Zeit der Aufnahme von Rumänien und Bulgarien in die EU erfunden und erlaubt seitdem, die Zahl der von französischem Staatsgebiet ausgewiesenen Ausländer_innen in den Statistiken des Innenministeriums künstlich aufzublasen, um glau-

---

31 Michaël Szadkowski: »Les gens du voyage assurent que le démantèlement des camps visait les Roms«, lemonde.fr, 23. September 2010.

ben zu machen, dass die zahlenmäßig festgelegten Ziele des Präsidenten in Bezug auf Abschiebung von illegalen Einwander_innen erreicht werden. 2006 waren bereits von einem Viertel der 25.000 durchgeführten Ausweisungen Rumän_innen und Bulgar_innen, damals noch Nicht-EU->Ausländer_innen<, betroffen. Nach 2007 machten sie, die inzwischen zu >Europäer_innen< geworden waren, einen etwa genauso großen Anteil in den Erhebungen aus, obwohl diese jetzt die humanitäre Rückkehr – also angeblich freiwillige Entscheidungen – erfassten!

Auf diese erste Runde der Täuschung folgt noch eine zweite: Die humanitäre Rückkehr verbietet denen, die ihr zustimmen, als EU-Bürger_innen, a priori nicht, zurückzukehren. Eine Möglichkeit, die vermutlich zahlreiche Roma aus Rumänien seit Inkrafttreten der Regelung in Anspruch genommen haben, da diese Bevölkerungsgruppe, die im Allgemeinen nur nach Stabilität sucht, nach Lust und Laune von den Diskriminierungsinstanzen hin- und hergeschickt wird, denen sie überall in Europa ausgesetzt ist. Außerdem ist es, wenngleich auch hier wieder keine Zahlen verfügbar sind, schwer vorzustellen, warum die >falschen Abgeschobenen< von 2010 nicht nach Frankreich zurückgekommen sein sollten. Anfang 2011, sechs Monate nach dem Beginn der Zerschlagungen, gab selbst der Innenminister zu, dass es »vorkommt, dass die Lager wieder aufgebaut werden«. Doch laut dem Verband *Romeurop*, der um die dreißig Vereine unter seinem Dach vereint, handelt es sich um ein Phänomen weit größeren Ausmaßes: »Die Anzahl der Roma in Frankreich ändert sich seit Jahren nicht. Wir schätzen es gibt zwischen 12.000 und 15.000«, denn: »die Roma gehen, aber sie kommen wieder«[32].

Viel Lärm um nichts also? Die klägliche Bilanz in Bezug auf tatsächliche Ausweisungen im Rahmen der Operation »Roma« in 2010 ließe auf ein Versagen – wenn auch ein verstecktes – der französischen Regierung schließen. Doch es deutet alles darauf hin, dass deren Ziel eigentlich nie darin bestand, einige Tausend in die Marginalität gedrängte und generell quasi unsichtbar gemachte Familien loszuwerden, um die sie sich ohnehin wenig kümmert. Zwischen den Zeilen der Rede von Grenoble im Juli 2010 galt es, die Wiederherstellung der Sicherheit durch einen immer weniger beliebten Präsidenten herauszulesen, mit allen klassischen dazugehörigen Zuschreibungen: Vermischung, rückhaltlose Behauptungen, Demagogie

---

32 »Selon Brice Hortefeu, 70% des camps illégaux de Roms ont été évacués«, lemonde.fr/AFP, 18. Februar 2011.

und Benennung eines Sündenbocks. Die Reisefreiheit der Roma ist in diesem Kontext nur ein rhetorisches Mittel. Doch die Message verbreitete sich weit über den nationalen Rahmen hinaus und erlaubte es Frankreich, auf der europäischen Bühne Entschlossenheit bei einem Thema zu demonstrieren, das vielen Regierenden Kopfzerbrechen bereitet.

Scheinheiligkeit ohne Grenzen

Die Zerschlagung von Lagern geschah im Übrigen unter Missachtung europäischen Rechts. Zum einen, weil dieses diskriminierende Maßnahmen verbietet, die auf eine bestimmte Minderheit abzielen. Zum andern jedoch auch deshalb, weil die Abschiebungen von Roma, so wie sie laut der Anweisungen des Innenministers vorgesehen waren, aufgrund ihrer Tragweite und Systematik gegen das Prinzip des freien Personenverkehrs verstößt, auf das ausnahmslos alle EU-Bürgerinnen und -Bürger ein Anrecht haben.

Es war für die französischen Behörden eine willkommene Gelegenheit für ein Pseudo-Kräftemessen mit der europäischen Kommission. In einem ersten Schritt wies die mit der Affäre beauftragte EU-Kommissarin die französische Regierung, deren Vorgehen sie an den Zweiten Weltkrieg erinnerte, darauf hin, dass diese sich an die Regeln »zum freien Personenverkehr, zur Nichtdiskriminierung und den gemeinsamen Werten der Europäischen Union« zu halten habe und drohte damit, die Verstöße zu ahnden. Sie würde jedoch bald einen Rückzieher machen.

Die Sache ist, dass Paris nicht isoliert dasteht. Natürlich verlangte das Europäische Parlament von Frankreich, »jegliche Abschiebungen von Roma unverzüglich aufzuheben«. Doch dessen Weisungen sind nicht bindend. Vonseiten der europäischen Regierungen wurde keinerlei Empörung laut, ganz im Gegenteil. Die erste explizite Unterstützung kam aus Italien: ein Abgeordneter der extrem rechten Lega Nord befand, dass die vom französischen Staatschef verfolgte Politik in Bezug auf Roma als Beispiel dienen müsse und plädierte für deren Ausweitung angesichts des hohen Risikos, dass »die aus Frankreich abgeschobenen Roma sich alsbald nach Italien orientieren«. Es gilt daran zu erinnern, dass Italien sich 2008 bereits durch die Erfassung der Daten und Fingerabdrücke aller auf seinem Staatsgebiet lebenden Roma hervorgetan hatte. Das Ziel dabei war es, all jene zu erfassen und abzuschieben, die mit irregulärem Aufenthaltsstatus im Land waren, und alle illegalen Lager der Gemeinden zu schließen. Anderswo in Europa wurde, mit Ausnahme einiger Proteste aus Tschechien und Rumänien, eher Stillschweigen bewahrt, was bestenfalls als Verlegenheit, schlimmstenfalls als stille Zustimmung gedeutet werden kann. Die Opfer dieser »Scheinheiligkeit ohne Grenzen« – ein Ausdruck eines bulgarischen Journalisten –, die betroffenen Roma, sind allen Regierungen ein Dorn im Auge. Mit einer geschätzten Anzahl zwischen zehn und zwölf Millionen – von 500 Millionen Europäer_innen – sind sie zweifellos Opfer von Diskriminierungen in allen Ländern, in denen sie residieren oder durch die sie reisen. Nicht nur im Hinblick auf offene Provokationen, wie sie sich 2010 in Frankreich abspielten, sondern auch und vor allem in Bezug auf den (verweigerten) Zugang zu sozialen Rechten: Bildung, Gesundheit, Arbeit, Ausbildung, Unterkunft. Ein gutes Dutzend Mitgliedsstaaten der Europäischen Union, darunter Deutschland, Italien, die Niederlande, Polen und das Vereinigte Königreich, machen sich bezüglich ihres Umgangs mit Roma vor dem EU-Gesetz strafbar. Das ist zweifellos der Grund, warum die Europäische Kommission zwei Monate nach Beginn der Polizeiaktionen verlautbaren ließ, dass die Zusagen seitens der französischen Regierung, ihre Gesetzgebung gemäß der Personenfreizügigkeit für europäische Bürger_innen anzupassen, »ausreichend« seien und sie auf jegliche Sanktionen verzichten würde.

Tatsächlich kam die Offensive gegen die Roma den Politiker_innen gerade dann in die Quere, als das französische Parlament Anfang September 2010 begann, einen Gesetzesentwurf auszuarbeiten, der die Regelungen zu Einreise und Aufenthalt von Ausländer_innen in Frankreich reformieren sollte. Man spielte in Paris also geschickt auf Zeit, indem man erklärte, dass die Reformen, die in Arbeit waren, den Forderungen Brüssels gerecht werden würden. In Brüssel wiederum gab man sich gern mit diesem Versprechen zufrieden und legte die Affäre schleunigst zu den Akten. Es überrascht wenig, dass diese Akte, als das Gesetz im Juni 2011 angenommen wurde, nicht wieder hervorgeholt wurde. Hätte die Europäische Kommission dies getan, hätte sie festgestellt, dass dieses Gesetz nicht im Geringsten Antwort auf die Fragen liefert, die sie Frankreich gestellt hatte. Falls noch ein Beweis nötig wäre, hätte man hier einen weiteren für die Tatsache, dass das Schicksal der Roma für Europa nicht sehr weit oben auf der Tagesordnung steht – und sicherlich nicht so weit oben wie die Kontrolle der Innengrenzen für die französischen Behörden. Für Letztere zählt innenpolitisch vor allem, die Illusion zu wahren, dass man hart gegen illegale Einwanderung durchgreife, um den Kampf gegen Kriminalität zu verstärken. Derartige

Diskurse zahlen sich im Allgemeinen aus, in diesem Fall erstickte er die parlamentarische Diskussion, die zu der Zeit im Gange war: Während der Gesetzgeber im Begriff ist, seine Ausländergesetzgebung zu verschärfen, inszeniert die Regierung für die Öffentlichkeit, wie angemessen die vorgeschlagene Reform in der Praxis ist. Auf europäischer Ebene erlaubte die Episode der französischen Regierung, ›Brüssel‹ zu zeigen, dass man unter großen Anstrengungen seinen Standpunkt durchsetzen kann, und sei es mit illegalen Mitteln. Das Engagement lohnt sich in einem Kontext, wo die realen Kräfteverhältnisse innerhalb der EU-Instanzen oft die rationale Konsensfindung in den Hintergrund drängen.

Nach den Roma – die Tunesier

Das von der französischen Regierung erprobte Rezept kam alsbald erneut zum Einsatz. Anfang 2011 riskierten etwa 20.000 junge Tunesier_innen ihr Leben bei dem Versuch, die italienische Insel Lampedusa, die Tür zu Europa, zu erreichen. Die gelockerte Überwachung der Küsten durch die Polizei ihres Heimatlandes hatte sie in gewisser Weise ›befreit‹. Über Jahre hatte die direkte Zusammenarbeit der tunesischen Regierung bei der Migrationspolitik ihrer nächsten Nachbarn in Europa die Jugend gefangen gehalten und Ausreisen unter Verbot gestellt. Die Revolution im Januar 2011 öffnete für diese Jugend einige Wochen lang die Türen zum europäischen Traum und verursachte damit Panik bei einer Europäischen Union, die den ›arabischen Frühling‹ zwar alsbald bejubelte, jedoch nicht bereit war, dessen Kinder aufzunehmen. Einige von ihnen erreichten jedoch von Italien aus ohne Probleme Frankreich: zwischen beiden Ländern – beide Mitglieder des Schengenraums – gibt es seit 1997 gemäß den Gesetzen der Personenfreizügigkeit, von Ausnahmen abgesehen, keine Grenzkontrollen mehr. Mit dem Argument, es bestünde das Risiko einer »Invasion«, die dieser »Exodus« doch mit sich brächte, forderten die französischen Behörden Italien zunächst auf, die tunesischen Ankömmlinge zurückzuhalten und schritten dann selbst zur Tat. In Bahnhöfen und Städten nahe der italienischen Grenze wurden gezielte Polizeikontrollen durchgeführt, um die Tunesier_innen abzufangen, die diese bereits überquert hatten, und jene abzuschrecken, die es vorhatten. Ein aus der italienischen Stadt Vintimille kommender Zug wurde beispielsweise auf Weisung des französischen Innenministeriums aufgehalten und es kam zu Rückschiebungen, auch von Menschen mit Aufenthaltstitel, die ganz regulär reisten. Die

Affäre wurde lautstark inszeniert und während einiger Tage waren die Aufmacher der Fernsehnachrichten bestimmt von Bildern von Boatpeople, die in Lampedusa ankamen, dann von Gruppen von Migrant_innen, die durch Straßen in Südfrankreich oder über Plätze in Paris streunten. Die Erklärungen von öffentlicher Seite nährten die Unsicherheit: »Italien ist ein Damm, der auf keinen Fall brechen darf«, verkündete ein Präfekt der Presse. Und da die Zahlen die Wirklichkeit dieses neuen ›Einwanderungsdrucks‹ nicht bestätigten, prognostiziert er: »In den nächsten Tagen und Wochen sind weitere, beachtlichere Grenzübertritte zu befürchten, bis sich Einwanderungsnetzwerke bilden«.

Zwischen Paris und Rom wurde der Tonfall in der Zwischenzeit lauter. Die Regierung in Paris warf der in Rom vor, durch ihre Unfähigkeit, Italiens Seegrenzen zu überwachen, illegale Einwanderung zu ermöglichen, während Letztere sich beschwerte, alleine ›die Last‹ der Geschehnisse in Nordafrika tragen zu müssen. Wenige Wochen nach der tunesischen Revolution startete die NATO eine militärische Intervention in Libyen, um das Regime von Muammar al-Gaddafi zu stürzen. Die Operation trieb Zehntausende in die Flucht, von denen einige wenige es schafften, die italienische Küste zu erreichen.

Französisch-italienischer Schaukampf

Es fällt jedoch schwer, dieses französisch-italienische Wortgefecht ernstzunehmen. Weder an den Stränden Siziliens noch im Süden Frankreichs standen die Zeichen auf Invasion. Abgesehen davon hatten die französischen Behörden sich gehütet, eine Bestandsaufnahme der erfassten Grenzüberschritte von Tunesier_innen zwischen Vintimille (Italien) und Menton (Südfrankreich) zu machen. Wie auch im Fall der Roma wurde das Thema schnell aus den Schlagzeilen verdrängt. Die Klagen der italienischen Regierung über den ›Zustrom‹ von Migrant_innen vom anderen Ufer des Mittelmeers blieben lächerlich, insbesondere, wenn man an die Zehntausenden Menschen denkt, die in den Monaten nach Beginn der Kämpfe in Libyen in Tunesien aufgenommen wurden.

Es kam zu einem spektakulär inszenierten Treffen zwischen den offiziell zerstrittenen italienischen Regierungs- und französischen Staatschefs, das mit einer gemeinsamen Forderung beider Hauptstädte nach der Änderung einiger Regeln der Schengener Konvention endete. Mit anderen Worten einigte man sich schließlich darauf, dass es möglich sein müsse, Grenzkontrollen wenn nötig wieder einzuführen. Dieser Schaukampf hat zweifelsohne nicht viele der europäischen Partner Italiens und Frankreichs beeindruckt. Wie schon im Falle der Roma geht es auf beiden Seiten der Alpen nicht in erster Linie darum zu erfahren, wer die Grenze überquert, sondern eher darum darzustellen, dass man Probleme anpackt. Die Botschaft richtet sich an mehrere Empfänger: zur europäischen Ebene kommt die nationale. In beiden Fällen gab der Kontext der bevorstehenden Wahl den Ausschlag. Silvio Berlusconi ebenso wie Nicolas Sarkozy waren auf Stimmen der rechten und extrem rechten Wählerschaft angewiesen: es galt, die öffentliche Meinung von ihrer Fähigkeit zu überzeugen, eine aus der Kontrolle geratenen Welle von Einwander_innen abzuwehren. Doch die Botschaft richtete sich auch an das südliche Ufer des Mittelmeers. Zur Stunde des › arabischen Frühlings‹ konnte es nicht schaden, die Hauptstädte in Nordafrika und sogar der Staaten südlich der Sahara zu warnen, dass man ihnen in Bezug auf Auswanderung absolut keine »Geschenke« machen würde und dass die Festung Europa alle nötigen Mittel hat, Unerwünschte und andere *harragas*[33] aus ihrer Einflusszone zu vertreiben.

Der ausländische Terrorist vor unserer Tür

Die Episode der »Tunesier von Lampedusa« von Anfang 2011 veranschaulicht auf erhellende Weise die Art, wie einige politische Entscheidungsträger_innen Öl ins Feuer gießen, um Angst zu schüren. Von den vielen Gerüchten, die über die gerade in Italien gelandeten Jugendlichen die Runde machten, dominierten zwei: Dass es unter ihnen gefährliche Kriminelle gebe, die die Gunst der Stunde der postrevolutionären Unordnung genutzt hätten, um aus tunesischen Gefängnissen auszubrechen. Und der italienische Innenminister Roberto Maroni schwenkte ohne Angst vor der eigenen Lächerlichkeit ein weiteres rotes Tuch und behauptete, dass sich Terroristen in die Gruppe eingeschlichen haben könnten. Man würde selbstverständlich keinen Anhaltspunkt finden, der diese Befürchtungen stützen könnte. Der Minister dürfte selbst nicht daran glauben. Doch man könnte sagen, je mehr Bäume, desto weniger sieht man den Wald...

---

33 Im nordafrikanischen Journalismus häufig verwendetes algerisches Wort für Emigrant_innen aus Nordafrika, die versuchen, illegal nach Europa zu gelangen. Wörtlich übersetzt bedeutet harragas: »die, die [ihre Papiere] verbrennen«, Anm. d. Übers.

Die Vermischung von Terrorismus und irregulärer Einwanderung, oder genauer gesagt Einwanderung im Allgemeinen, ist nicht neu. Seit Mitte der 1980er Jahre diskutieren Politiker_innen, Polizeiinstanzen und Geheimdienstspezialisten in Europa über Maßnahmen, die in Reaktion auf die 1986 mit der Einheitlichen Europäischen Akte beschlossenen Bildung der europäischen Freihandelszone getroffen werden müssten. Ein Raum, der auf Abschaffung der Grenzkontrollen zwischen den dazugehörenden Ländern beruht (und der fast alle Länder der EU einschließt, bis auf wenige Ausnahmen, wie bemerkenswerterweise das Vereinigte Königreich). Zu den Risiken, denen es vorzubeugen gelte, zählten insbesondere Einwanderung und Terrorismus. Und um die Liste der drohenden Plagen zu vervollständigen, nahmen die zuständigen Gremien auch noch die organisierte Kriminalität und den Rauschgifthandel mit in die Liste auf.

In Frankreich erklärte Innenminister Charles Pasqua, seinerseits bekannt für die Durchsetzung des ersten in einer langen Reihe von sehr restriktiven Gesetzen zu Einreise und Aufenthalt von Ausländer_innen, im Jahre 1986 in Reaktion auf ein tödliches Attentat in Paris im Spätsommer, dass man »die Terroristen terrorisieren« müsse. Als eine der ersten Maßnahmen, die nach dieser Erklärung getroffen wurden, führte die französische Regierung eine Visumpflicht für Staatsangehörige einer langen Liste von Ländern ein. Unter diesen befand sich ein Großteil jener Länder, aus denen die eingewanderten Arbeiter und ihre Familien stammten. Tatsächlich waren die ersten Betroffenen Ausländer_innen aus den ehemaligen Kolonien oder aus den Ländern des französischen Einflussgebietes. Diese besonderen Verbindungen hatten ihnen allerdings über mehr als zwei Jahrzehnte hinweg erlaubt, sich frei zwischen den beiden Kontinenten, über die sich ihre sozialen und familiären Bande erstreckten, zu bewegen. Die Geschichte hat noch nicht gezeigt, ob die Maßnahme den gewünschten Erfolg hatte und Terrorist_innen daran hinderte, auf das Staatsgebiet zu gelangen – es gibt wahrlich Grund zum Zweifel –, aber sie hat mit großer Sicherheit die Zahl der irregulären Einwanderungen wie auch der in Frankreich lebenden Menschen ohne Papiere ansteigen lassen. Denn juristische Hürden können ebenso wenig wie Mauern langfristig die Freiheit jener beschneiden, die alle Anreize haben, Grenzen zu überqueren.

Der 11. September als Wendepunkt

In Europa wurde diese Betonung sicherheitspolitischer Aspekte der Einwanderung bis 2001 zwar von einigen Staaten geteilt, spiegelte jedoch nicht die Haltung der Mehrheit wider. Andere Stimmen, wie die der Europäischen Kommission, plädierten für eine Politik der Öffnung und der Wahrnehmung von Einwanderung als eine der Voraussetzungen, um dem Bevölkerungsrückgang entgegenzuwirken und das wirtschaftliche Wachstum der Union zu stimulieren. Diese Orientierung wurde 1999 offen in dem Fünfjahresprogramm vertreten, das vom mit dem Thema Migration betrauten Europäischen Rat unter finnischem Vorsitz verabschiedet wurde. Das Kräfteverhältnis zwischen den Vertreter_innen der zwei konträren Ansätze kehrte sich nach den Attentaten des 11. Septembers um. Einwanderungs- und Asylfragen wurden nunmehr aus einem essenziell repressiven Blickwinkel behandelt. Im Dezember 2011 kündigte die Europäische Kommission die Notwendigkeit an, die Richtlinienentwicklung auf beiden Gebieten hinsichtlich ihres »prioritären Ziels« zu revidieren, das für die EU nunmehr im Kampf gegen den internationalen Terrorismus bestand. Die Auswirkungen dieser Kehrtwende ließen nicht auf sich warten: Von diesem Zeitpunkt an nahm die Migrationsgesetzgebung immer restriktivere Formen an und nährte die Phantasie vom Feind aus der Fremde, der kommt, um die europäische Integrität zu bedrohen. Trotz der Warnungen zahlreicher NGOs und internationaler Instanzen wurden Gesetze geschaffen, die unter Missachtung des Rechts auf Schutz die Möglichkeit bieten, Personen abzuschieben, die des Terrorismus verdächtigt werden. Und das auch dann, wenn keine Anklagepunkte gegen die Person vorliegen, die das Verfahren rechtfertigen, und die Person Gefahr läuft, im Falle der Abschiebung Opfer von Misshandlung oder Folter zu werden.

Auf diesem Gebiet spielt das Vereinigte Königreich eine führende Rolle. Mehrere Ausnahmegesetze, die dem Kampf gegen den Terrorismus dienen sollen, zielen speziell auf Ausländer_innen und ›sichtbare Minderheiten‹ ab. So der Fall beim *Anti-terrorism, Crime and Security Act 2011*, der erlaubte, terrorverdächtige Ausländer_innen ohne zeitliche Begrenzung und ohne Gerichtsurteil festzuhalten, bis das Oberhaus des britischen Parlaments das Gesetz wegen dieser Bestimmungen kippte.

Die Flüchtlinge, die bisher verschont blieben, fallen diesem Klima ebenfalls zum Opfer. Längst vergessen sind die Zeiten, in denen, zumindest in einigen Ländern der EU, die großzügige Aufnahme von Opfern der Unterdrückung im Osten – und anderswo – maßgeblich war, zunächst im Kontext des Kalten Krieges, dann im Hinblick auf die Diktaturen Südamerikas und schließlich gegenüber den Flüchtlingen Südostasiens. Wer heute an die Türen der ehemaligen ›Asylländer‹ klopft, zunehmend Menschen aus Afrika und dem Nahen Osten, verkörpert nicht mehr das stilisierte Bild des Freiheitskämpfers, das fleischgewordene Symbol für die richtige Entscheidung, die die westlichen Demokratien in der bipolaren Welt getroffen hatten. Wenn diese gegenüber Flüchtlingen, die diesem Urtypus nicht entsprechen – weil weniger weiß, weniger christlich oder weniger intellektuell als ihre Vorgänger –, immer schon von vornherein misstrauisch waren, so zögern sie nun nicht mehr, sie unter Generalverdacht zu stellen, wobei der Nachhall des 11. Septembers seinen Teil dazu beiträgt. Den an höherer Stelle festgelegten Orientierungen Folge leistend, schlug die Europäische Kommission im Dezember 2001 deshalb vor, als Ablehnungsgrund für einen Asylantrag die Tatsache aufzunehmen, dass der oder die Asylsuchende bei Aktivitäten von als »terroristisch« eingestuften Organisationen mitgemacht habe. Es gibt jedoch keinerlei juristischen Rahmen für diesen Begriff – ebenso wenig wie eine allgemeingültige Definition auf internationaler Ebene –, der dessen Bedeutung festlegen würde. So ist die Auslegung letztlich der Willkür überlassen. Daraufhin berücksichtigten mehrere Mitgliedsstaaten der EU, darunter Deutschland und die Niederlande, fortan die »terroristische Bedrohung« in ihrer nationalen Asylgesetzgebung und verstärkten somit die Stigmatisierung von Asylsuchenden in der Öffentlichkeit.

Doch besonders spürbar wurden die Auswirkungen des 11. September im Bereich der Grenzkontrollen. Die Resolution 1373 des UN-Sicherheitsrats, die auf die Attentate hin verabschiedet wurde, schreibt vor, »dass Staaten die Bewegung von Terroristen oder terroristischen Gruppen verhindern werden, indem sie wirksame Grenzkontrollen durchführen«. Auf ausdrückliche Bitte der Vereinigten Staaten organisierte Europa aktiv die Verbesserung der Sicherheit an ihren Außengrenzen. Dies begann mit einer Revision der Regelungen für die Erteilung von Visa unter Berücksichtigung der terroristischen Bedrohung. Natürlich sahen diese Regelungen bereits vor, dass das Recht auf Zugang zur EU mit der Begründung abgelehnt werden durfte, dass der oder die Antragstellende eine Gefahr für die Sicherheit eines Mitgliedsstaats darstellt. Doch die schwarze Liste der Länder, für die Visumpflicht herrscht, da sich unter ihren Staatsangehörigen Personen befinden, die besagte Sicherheit gefährden könnten, deckt sich nunmehr beinahe eins zu eins mit der Liste der Länder mit mehrheitlich muslimischer Bevölkerung. Über das Kriterium der Nationalität hinaus wurden neue Normen der Risikoabwägung eingeführt, nach denen mithilfe von biometrischen Verfahren, insbesondere der Gesichts- und Iris-Erkennung, jedes Individuum einzeln erfasst und eingestuft wird. Während man in den Vereinigten Staaten die Datenbank ADN von bereits bekannten Terroristen benutzte, legte die EU ab 2007 eine neue Kartei mit den Details aller Visumanträge an, die einen Mechanismus zur Nachvollziehbarkeit der Bewegungen der betreffenden Personen beinhaltet. Nebenbei, so lässt sich feststellen, förderte dieser Prozess die opportunistische Weiterentwicklung der Kontrolltechnologien, und einige spezialisierte Unternehmen vergrößerten ihren Anteil an einem ohnehin sehr lukrativen Markt durch die Tatsache, dass die öffentliche Meinung überzeugt war, dass der Terrorismus zwangsweise aus dem Ausland und über die Grenze kommt.

Die Experten sind sich einig

Zahlreiche angebliche Expertenzirkel zum Thema bemühen sich, dieser These einen seriösen Anstrich zu verleihen. So erklärte die parlamentarische Versammlung der NATO in einem 2009 erschienenen Bericht zur transmediteranen Migration, dass von der Einwanderung im großen Stil über die »Südflanke« der NATO – das Mittelmeer – »ein Risiko für das gesamte Europa ausgeht, da sie internationalen Terroristen helfen kann, in das europäische Territorium einzudringen«. Zur Mission der Operation *Active Endeavour*, die ab Oktober 2001 von der Nato im Mittelmeer mit dem Ziel durchgeführt wurde, terroristische Gruppen aufzuspüren und zu neutralisieren, gehört tatsächlich auch der Kampf gegen illegale Einwanderung: Im März 2006 fing die griechische Küstenwache auf ein Signal der NATO hin ein Boot mit ungefähr Hundert Migrant_innen an Bord ab. Im bereits genannten Bericht rühmt sich die parlamentarische Versammlung der NATO damit, dass einige Länder »in der Verschärfung der Überwachung eine partielle Lösung für das Sicherheitsproblem, das von der Einwanderung ausgeht«, gefunden hätten. Sie wies beispielsweise darauf hin, dass Spanien seit März 2004 – als beim größten Attentat in Europa seit 1988 bei einer Serie von Bombenanschlägen auf vielbefahrene Züge in Madrid fast 200 Personen getötet und 1.400 verletzt wurden – »die Zahl seiner Antiterroreinheiten verdreifacht und Hunderte von Ermittlern mit der gezielten Überwachung von islamistischen Terrornetzwerken im Ausland betraut« habe, während in der Polizei »Sonderinterventionsgruppen mit der näheren Überwachung von Stadtteilen betraut wurden, die Einwanderergemeinschaften beherbergen«. Selbstverständlich machte sie nicht deutlich, inwiefern diese Polizeieinsätze in Stadtteilen, in denen Einwander_innen wohnen, dazu beigetragen haben sollen, den Terrorismus einzudämmen.

Die Selbstverständlichkeit der Verbindungen zwischen Einwanderung und Terrorismus gehört auch zum Diskurs der 5+5-Gruppe, einem informellen Forum von zehn Anrainerstaaten des nördlichen und südlichen Mittelmeerufers. Mit dem Ziel gegründet, »die regionale Zusammenarbeit zu festigen, den politischen Dialog zu fördern und Konsens bei Problematiken von gemeinsamem Interesse zu erzielen«, widmet sich ein Großteil ihrer Aktivitäten in Wirklichkeit Sicherheitsfragen, die bei jeder Konferenz der Gruppe seit 2006 auf der Tagesordnung standen. Die Anfang des Jahres 2012 in Rom abgehaltene Konferenz illustriert diesen Fokus: Wenngleich Themen der Mobilität von Migrant_innen und der Entwicklung ebenfalls auf dem Programm standen, wurde insbesondere die Entscheidung in den Vordergrund gestellt, ein gemeinsames »Frühwarnsystem« zu entwickeln, um sich für Risiken in Verbindung mit illegaler Einwanderung und Terrorismus im westlichen Mittelmeerraum zu wappnen.

Beispiele von Erklärungen zum Beweis dieser Rhetorik, ob sie von offiziellen Instanzen oder von angeblich sachverständigen Beobachter_innen stammen, sind zu zahlreich, um sie aufzulisten, ohne ihrer überdrüssig zu werden. Man sollte, um sie alle auf den Punkt zu bringen, die Position der Internationalen Organisation für Migration (IOM) festhalten, einer intergouvernementalen Institution, die Staaten, von denen sie zum Großteil finanziert wird, ihre Expertise und operationellen Kompetenzen im Bereich des Migrationsmanagements zur Verfügung stellt. Für die IOM fällt der internationale Terrorismus in den Zuständigkeitsbereich der Migrationspolitik, da er »die Integrität der Grenzen, die nationale Sicherheit, die Integration, ethnische/multikulturelle Angelegenheit« angeht. Somit steht er »im Zentrum der Politikauffassung«. In einer Welt, in der es immer weniger Grenzen gibt, »ist der Terrorismus eine Belastungsprobe für die Effektivität nationaler Einwanderungspolitik«, und »Akte des Terrors an sich zeigen, dass Regierungen ihre Aktivitäten in der permanenten Revision von migrationspolitischen Gesetzen und Maßnahmen verstärken müssen«. Mit diesen Thesen wägt die IOM zwei Dinge gegeneinander ab: die notwendige staatliche Sicherheit im Angesicht der terroristischen Bedrohung auf der einen Seite und auf der anderen Seite die Prinzipien, auf denen in einigen nationalen Gesetzgebungen die legalen Möglichkeiten für Ausländer_innen beruhen, die Grenzen eines anderen Landes als ihres Heimatlandes zu überqueren. Bei letzteren Prinzipien handelt es sich in erster Linie um den Familiennachzug und das Recht auf Schutz vor Verfolgung. In beiden Fällen plädiert die IOM für den Vorrang des Staatsschutzes. Mit anderen Worten rechtfertigen die Erfordernisse des Kampfs gegen den Terrorismus für die IOM den Bruch des Rechts auf Asyl und des Rechts auf Familienzusammenführung, also den Bruch von Rechten, die in internationalen Konventionen festgeschrieben sind. Lediglich vom Recht, nicht gefoltert zu werden, erkennt sie beinahe zu ihrem Leidwesen an, keine Ausnahme erlauben zu können. Jedoch nur um festzuhalten, dass Staaten, »um sich vor Gefahren zu schützen, die von Personen ausgehen, die nicht zurückgeführt werden können«, andere Maßnahmen als die Abschiebung anwenden können, beispielsweise die Inhaftierung.[34]

Einwanderung und Terrorismus: eine nicht bewiesene aber nützliche Verbindung

Trotz der relativen Einstimmigkeit in den institutionellen oder halb-institutionellen Kreisen, in denen sie durchgeführt werden, lassen insbesondere zwei Schwachstellen Zweifel an den Analysen aufkommen, laut derer die Verschärfung der Einwanderungskontrollen unumgänglich für das Zurückdrängen des internationalen Terrorismus ist. Die erste Schwachstelle besteht darin, dass es keinerlei Beleg für die Effektivität dieser Kontrollen zu ihrer Untermauerung gibt; die zweite ist an ihren Urheber_innen festzumachen, die aus gänzlich anderen Erwägungen ein Interesse an der Verteidigung dieser These haben, als sie vorgeben.

Weder die Attentate in New York 2001 noch die in Madrid 2004 oder in London 2005 waren das Werk von Ausländern, die illegal die Grenze zu den Zielländern überquerten, um dort ihre Taten zu begehen. In allen drei Fällen waren die beschuldigten Personen legal eingereist, lebten unter regulärem Aufenthaltsstatus im jeweiligen Land oder waren dort aufgewachsen und besaßen dessen Staatsbürgerschaft. Nichtsdestotrotz ist ein

---

34 Diese Positionen sind in »La sécurité et les États« auf der Seite der IOM nachzulesen (<www.iom.int>), frei übersetzt.

beträchtlicher Teil des Anti-Terror-Gesetzes *Patriot Act*, das die Vereinigten Staaten am 12. Oktober 2001 verabschiedeten, neben der Identifikation und der Überwachung bestimmter Kategorien von Risikopersonen auch der Verstärkung des Grenzschutzes gewidmet. Und die Fokussierung der europäischen Staaten auf die Sicherung ihrer Grenzen setzte, im Widerhall auf den von Präsident Bush erklärten »Krieg gegen den Terror«, die durch nichts belegte Idee durch, deren Kontrolle sei ihre größte Waffe. Im Gegenteil, die Fakten haben diese Idee sogar Lügen gestraft: Konnten die Attentate, von denen das Vereinigte Königreich und später Spanien getroffen wurden, nicht trotz der Maßnahmen der EU und der Mehrzahl ihrer Mitgliedsstaaten nach dem 11. September organisiert werden? Aber was macht das schon? Derartige Vermischungen halten sich hartnäckig.

Und sie erfüllen natürlich ihren Zweck. Die westlichen Nationen und ihre Verbündeten – von der Gewalt der Attentate, die sie seit dem Ende der 1990er Jahre erlebten vollends aus der Fassung gebracht und mit voller Wucht getroffen – haben sich gehütet, nach den Ursprüngen dieser Attacken zu fragen. Solche Fragen hätten sie gezwungen, die Ereignisse mit der Herrschaft in Verbindung zu bringen, die sie seit Jahrzehnten auf fast dem gesamten Planeten ausüben, eine Herrschaft, die trotz der Abschaffung einer bestimmten Form des Kolonialismus noch längst kein Ende genommen hat. Anstatt ihr Verhältnis zum Rest der Welt infrage zu stellen, zogen ihre Regierenden und die im Allgemeinen von ihnen kontrollierten internationalen Organisationen es vor, der von der Angst vor Attentaten traumatisierten Bevölkerung eine einfache und wahlkampfpolitisch lukrativere Lösung zu liefern, indem man sie glauben ließ, dass man sie durch das Verriegeln der Türen beschützen könne. Da das Unterfangen noch dazu erlaubt, den Verdacht auf leicht erkennbare Gruppen zu lenken – Personen muslimischer Konfession in diesem Fall –, schlug man in gewisser Weise zwei Fliegen mit einer Klappe. Und wenn sie obendrein im richtigen Augenblick die Neuausrichtung einer Migrationspolitik legitimiert, der es an Grundlagen fehlt, dann ist das noch das Tüpfelchen auf dem i.

Anlässlich der Gouverneurswahlen in einigen Staaten der USA im Jahre 2002, hörte man, wie Kandidat_innen in ihren Reden Einwander_innen mit ungeklärtem Aufenthaltsstatus als potenzielle Terrorist_innen präsentierten, vor denen man sich schützen müsse. Diese Verkürzung steht umso weniger im Verhältnis zu den Vorkommnissen in New York, als dass die lokalen Immigrant_innen in ihrer überwältigenden Mehrheit aus Süd-

und Mittelamerika stammen. Im Rahmen der Maßnahmen, die nach dem 11. September ergriffen wurden, erreichte die Zahl der Festnahmen von Schwarzen und Asiat_innen im Vereinigten Königreich – die unter Anwendung einer Technik der polizeilichen Personenkontrolle zusammen mit einer sofortigen Leibesvisitation, genannt »*stop and search*«, durchgeführt wurden – in 2003 bis 2004 nie dagewesene Höhen. Trotz der sehr geringen Zahl von Verurteilungen, die diese Maßnahme nach sich zog, war die Zahl der Festnahmen laut des mit Antiterrorismus beauftragten Ministers dadurch gerechtfertigt, dass die Bedrohung von »Personen, die in Verbindung zu einer radikalen Form des Islam stehen oder sich missbräuchlich hinter dem Islam verstecken« ausginge. Doch diese Sicherheitsbesessenheit die Attentate vom Juli 2005 in London nicht verhindern, sie brachte außerdem massive Kollateralschäden mit sich: Man erinnere sich, dass der Gegenschlag zu diesen Attentaten den Tod eines brasilianischen Staatsbürgers mit regulärem Aufenthaltstitel forderte, der von Polizisten erschossen wurde, aber nichts mit den Bombenlegern zu tun hatte.

Der Fall Deutschlands zeigt, wie die Regierung aus dem Schock nach den Attentaten von New York Profit zu ziehen wusste, um die selektive Einwanderungspolitik durchzusetzen, die sie einige Monate zuvor bereits zu formulieren begonnen hatte. Deren Ziel war es, die Zuwanderung der Ärmsten unter den Migrant_innen und Asylsuchenden auf deutschen Boden zu reduzieren und dabei gleichzeitig die Zuwanderung von jungen, qualifizierten Personen zu fördern, die dem Anforderungsprofil der großen deutschen Unternehmensgruppen entsprechen und den demographischen Bedürfnissen eines Landes mit einer alternden Gesellschaft gerecht werden. Die außergewöhnlichen Sondermaßnahmen, die im Herbst 2001 im Rahmen des Kampfes gegen Terror ergriffen wurden, machten die Beschleunigung dieses Prozesses möglich. Sie sehen vor allem vor, dass sogenannte ›Wirtschaftsflüchtlinge‹ oder ›Wirtschaftsmigrant_innen‹ direkt in der Kartei des Bundeskriminalamtes registriert werden, die a priori für die Erfassung von Straftäter_innen gedacht ist: eine probate Art, die Spreu vom Weizen zu trennen und nebenbei noch der Spreu die Last des Verdachts aufzuerlegen...

Zum Zeitpunkt einer viel kritisierten Reform des Asylgesetzes im Jahre 2010, die die Voraussetzungen für den Anspruch auf den Flüchtlingsstatus erheblich einschränkt, bediente sich die kanadische Regierung derselben opportunistischen Technik. Deren Minister für öffentliche Sicherheit bestätigte dabei, dass die illegale Einwanderung auf dem Seeweg – ein oft von Asylsuchenden genutzter Weg – eine der zahlreichen terroristischen Bedrohungen darstelle, denen Kanada ausgesetzt sei.

Ein potenziell explosives Gemisch

Die Verknüpfung von Terrorismus und Einwanderung, insbesondere wenn das Schreckgespenst des Islamismus sich zwischen beiden einschleicht, dient der Legitimation noch viel mehr als die Kontrollen an den Grenzen. Sie illustriert auch die binäre Repräsentation einer westlichen Gesellschaft als Trägerin universeller Werte, die von ausländischen Terroristen, Feinden der Demokratie und der Freiheit, bedroht wird. Ein Bild, an deren Verbreitung gerade jenen Staaten gelegen ist, die ihre Gesetze in der Vergangenheit Regionen aufgezwungen haben, aus denen heute oft Migrant_innen stammen, um die Überlegenheit des Modells zu rechtfertigen, das sie zu repräsentieren vorgeben. Dieses Bild, in dem das Gute, die Freiheit und die Norm auf der einen Seite der Grenze verortet sind, schließt die Möglichkeit aus, dass jene, die als Aggressoren wahrgenommen werden, die Freiheit oder die Werte anderer Bevölkerungen verteidigen, die dieses Kräfteverhältnis als Unterdrückung erleben.

Wer von solchen Vermischungen Gebrauch macht, läuft Gefahr, genau das zu nähren, was er oder sie zu bekämpfen vorgibt. So bereits geschehen in den Stadtrandzonen der meisten europäischen Länder, in die die am stärksten Benachteiligten verbannt sind, darunter zahlreiche Nachkommen von Eingewanderten. Das Wiederaufflammen eines politischen Diskurses, der sie in irgendeiner Weise in die Nähe gefährlicher Schichten rückt, die die Gesellschaft bedrohen, ist in Kombination mit der Ungerechtigkeit und der Diskriminierung, die sie im Alltag erleben, ein Faktor, der zu Verzweiflung und Empörung beiträgt. Und so ist es wenig erstaunlich, wenn einige von ihnen diesen Gefühlen auf extreme Art Luft machen.

Wenn der Westen den Islam auf internationaler Ebene als Hauptnährboden für Terrorismus darstellt, dann ist man auf dem besten Wege, in bestimmten Regionen, die nebenbei häufige Transit- und Auswanderungsregionen sind, dieselben explosiven Effekte herbeizuführen. In Westafrika und der Sahelzone öffnet die militärische Unterstützung der USA und Frankreichs im Kampf gegen den Terror in Ländern, die bereits unter dem Druck der EU stehen, hinsichtlich deren Migrationspolitik zu kooperieren, Türen für die Ansiedlung von Radikalismus, wie Jean-François Bayart zeigt.

Auf der einen Seite schöpfen afrikanische Machthaber aus der Anti-Terror-Politik »neue diplomatische Renditen, nach denen des Antikommunismus und der wirtschaftlichen Liberalisierung, um das Fortbestehen ihrer autoritären Regime zu legitimieren«, die die »besten Werbeoffiziere des radikalen Islamismus« sind. Auf der anderen Seite stellt in einer Region, die bereits zum Durchgangspunkt zweier Waren geworden ist, die die westlichen Staaten kriminalisiert haben – der Migration und der Drogen –, der Kampf gegen den Terror für kriminelle Organisationen »eine hervorragende Quelle dar, die die Renditen aus dem Kampf gegen Drogen und gegen Migration vervollständigt, aus denen sie bereits wesentlichen Ressourcen ziehen«[35].

---

35 Jean-François Bayart: »Le piège de la lutte anti-terroriste en Afrique de l'Ouest«, 28. Juli 2010, <http://blogs.mediapart.fr/blog/jean-francois-bayart>. Frei übersetzt.

3
Kleine Abmachungen unter Nachbarn

Auf der einen Seite versucht die EU, die Sicherheit und Stabilität der geographischen Zone, in deren Zentrum sie sich sieht, sicherzustellen, indem sie privilegierte Partnerschaften mit ihren Nachbarn eingeht. Diese beruhen auf dem Teilen »gemeinsamer Werte« (Good Governance, Wahrung der Menschenrechte, Förderung der Prinzipien der Marktwirtschaft und so weiter), die sich bestens eignen, um die Errungenschaften Europas in die Länder in dessen Einflussgebiet im Süden wie im Osten auszustrahlen. Auf der Rückseite derselben Medaille hat dieses Teilen von Werten einen hohen Preis. Um seine Partner zu überzeugen, verfügt die EU über ein Arsenal von Anreizen: finanzielle Entwicklungshilfen, Investitionsversprechen und diplomatische Vorteile gehören zum Geschenkkorb, der vorgesehenen Ländern angeboten wird. Nun müssen diese sich im Gegenzug natürlich auch ein bisschen bemühen. Hier stellt der Kampf gegen illegale Einwanderung einen zentralen Verhandlungsgegenstand dar. Und zwar in dem Maße, dass er zum Tauschmittel, wenn nicht gar zum Gegenstand der Erpressung wird, dessen Einsatz die angeblichen Gegenleistungen übersteigt. Er schreibt sich in einen größeren Kontext von Europas Überlegenheitsbehauptung ein: Indem Europa seinen Alliierten auferlegt, die Rolle der Wachposten zu spielen, bewahrt es sich die aus der Kolonialzeit stammende Herrschaftsgewalt bei der Festlegung der Grenzen. Auf der anderen Seite wissen die Staatsoberhäupter der Verhandlungspartner im Allgemeinen, Profit aus den Erwartungen zu ziehen, die Europa an sie stellt. Sei es auf innenpolitischer Ebene, in ihrer regionalen diplomatischen Strategie oder um die Gebote für ihre Kooperation in die Höhe zu treiben.

Feilschen im Süden und im Osten Europas

»Neunundzwanzig afrikanische Migranten verstarben am 28. April 2008 nach Schiffbruch mit einem Schlauchboot vor den Küsten von Al Hoceima im Norden Marokkos.« Diese knappe Information ging beinahe unbemerkt durch die Medien. Zu Anfang dieses 21. Jahrhunderts haben sich die Medien und die Öffentlichkeit an die ewige Litanei der ›Dramen der Migration< gewöhnt, von denen die Schlagzeilen durchsetzt sind. Die Zahl der Migrant_innen, die auf hoher See bei dem Versuch verschwanden, Europa zu erreichen, wird für den Zeitraum zwischen 1988 und 2012 auf mehr als 13.000 geschätzt. Deren Boote sind meistens instabil und überfüllt, zu schlecht ausgestattet, um in unberechenbaren Gewässern zu navigieren, und ihre Passagiere ungeübt in der Seefahrt. Viele Faktoren, die sie besonders verletzlich machen und die Risiken von Unfällen vervielfachen. Ein kleines Detail jedoch unterscheidet den Schiffbruch von Al Hoceima von den vielen anderen: Laut den Überlebenden wurde das Zodiac, auf dem sie nach Europa aufbrachen, mit Messerstichen zerschnitten, Messerstiche von Militärs auf einem Schnellboot der Küstenwache unter marokkanischer Flagge, das kam, um sie abzufangen. Mehr als die Hälfte der Passagiere starb, darunter mindestens vier Kinder. Laut einer marokkanischen NGO, die ihre Augenzeugenberichte sammelte, wich die Luft aus dem Schlauch auf der einen Seite des Zodiac innerhalb weniger Minuten, wodurch auch die andere Seite kenterte. Einer der Soldaten soll den Migrant_innen zugerufen haben: »Jetzt könnt ihr nach Spanien weiterfahren...« Einer der Überlebenden erzählte: »Eine andere Mannschaft der Marine ist gekommen, um uns zu retten, aber es war schon zu spät, so viele Tote...« Vier Tage später wurden die Überlebenden über die algerische Grenze aus Marokko abgeschoben. Keinerlei öffentliche Untersuchung wurde angeordnet, die Autoritäten beschränkten sich darauf, jegliche Verwicklung der königlichen Marine per Pressestatement zu dementieren.

Marokko, der Lieblingsschüler Europas

Es war nicht das erste Mal, dass marokkanische Militärs im Zusammenhang mit Todesfällen von Migrant_innen, die versuchten, von Marokko aus nach Europa zu gelangen, in die Kritik gerieten. Drei Jahre vor Al Hoceima hatte die Armee das Feuer auf eine Gruppe von mehreren Hundert Afrikaner_innen eröffnet, die versuchten, die Zäune um die spanischen Enklaven von Ceuta und Melilla zu überwinden. Vierzehn Personen starben durch Kugeln, beim Sturz oder durch Erstickung. Der Zwischenfall sorgte, von den Medien groß aufgemacht, für Aufruhr – ohne jedoch die Suche nach den Identitäten der Verstorbenen oder den Verantwortlichen anzustoßen. Paradoxerweise wurde von diesen vierzehn Toten mehr gesprochen als von den Zehntausenden in der Sahara Verschwundenen oder im Mittelmeer

Ertrunkenen. Zweifelsohne liegt das daran, dass dieses dramatische und spektakuläre Ereignis eindeutig die aktive Rolle zeigt, die Marokko bei der Migrationspolitik Europas einnimmt: Die Partnerschaft, die die EU in diesem Bereich mit all ihren Anrainern einzugehen sucht und an denen sie seit einigen Jahren arbeitet, traf in Marokko auf eifrige Bemühung. Als ›Lieblingsschüler‹ Europas hat das Land seine Kooperation jedoch nicht zum Schleuderpreis verramscht, sondern seinerseits aus der Situation, die man sich schließlich nicht ausgesucht hatte, Profit gezogen: Schließlich war Marokko traditionell ein Auswanderungsland und wurde erst ab dem Ende der 1990er Jahre zum Einwanderungsziel, das nunmehr gegen seinen Willen Migrant_innen aus West- und Zentralafrika auf der Durchreise nach Europa aufnehmen musste.

Der Wendepunkt kam 1990, einem Zeitpunkt, an dem die Mitgliedsstaaten der EU offiziell entschieden, den Kampf gegen illegale Einwanderung in alle Kooperationsabkommen aufzunehmen, die nicht nur mit den Anrainern des Mittelmeeres, sondern auch den neuerlich unabhängigen Staaten in Mitteleuropa, Zentralasien und auf dem Balkan geschlossen wurden. Die Einbeziehung einer ›migrationspolitischen Klausel‹ als Voraussetzung für die Unterstützung der EU für die Länder, die sie umgeben, wurde 2004 formalisiert. Damals wurde das Programm der ›europäischen Nachbarschaftspolitik‹ (ENP) gestartet, eines politischen Prozesses mit dem Ziel, zum Zeitpunkt der EU-Erweiterung (bei der zehn Mitgliedsstaaten in die EU aufgenommen wurden) eine »enge Beziehung« auf der Grundlage eines »Bekenntnis zu gemeinsamen Werten« mit den neuen Nachbarn zu etablieren. Mit einem Budget von insgesamt zwölf Milliarden Euro für den Zeitraum von 2007 bis 2013 dotiert, betraf die ENP die Länder östlich der Grenze der erweiterten EU ebenso wie jene am südlichen Mittelmeerufer (mit Ausnahme Libyens) und des südlichen Kaukasus. Unter den in diesen Verträgen behandelten Punkten nimmt die Einwanderungsfrage einen zentralen Platz ein. Die Schaffung eines Systems des geteilten Grenzmanagements beruht im Grunde auf einer Verschiebung der Kontrollen außerhalb des Territoriums der EU mithilfe mehrerer Instrumente: Visumpolitik, Unterzeichnung von Rückübernahmeabkommen von Ausländer_innen mit irregulärem Aufenthaltsstatus, Verstärkung der Interventionskapazität der Grenzschutzeinheiten an Land und auf See, Erhöhung der Fälschungssicherheit von Reisedokumenten, Ausbildung von Beamten etc. Indem sie ihre politische und finanzielle Hilfe vom Wettbewerb dieser Länder um die Sicherung ihres Territoriums abhängig macht, gewinnt die EU sie für die Ideologie, auf der die westliche Wahrnehmung der Einwanderungsfrage beruht. Für viele von ihnen – so der Fall in Marokko – wurden die Migrant_innen erst dann zu einem ›Problem‹, als die EU begann, Druck auszuüben, um sie zu zwingen, jene bei sich festzuhalten und ihren Verbleib im eigenen Land zu klären, die bis dato nur auf der Durchreise waren. Wie in vielen anderen Ländern musste man auch in Marokko seinen öffentlichen Diskurs, seine Gesetze und Praxis dieser neuen Lage anpassen. Dem Beispiel Tunesiens und später Algeriens folgend, legte man sich – gleichzeitig mit einem Arsenal von antiterroristischen Maßnahmen – eine Einwanderungsgesetzgebung zu, die den europäischen Ansprüchen entsprach. Diese sieht vor allem Gefängnisstrafen für jene vor, die versuchen, das Staatsgebiet auf illegalem Weg zu verlassen.[36] Praktisch ohne parlamentarische Debatte angenommen, wird das Gesetz 02/03 sehr viel eher der Notwendigkeit gerecht, der EU ein Pfand zu bieten, als jedweder marokkanischen Realität, zu der es keinen Bezug zu haben scheint. Das Gesetz gibt teilweise Wort für Wort, in einem absurden Copy-Paste-Stil, den Wortlaut von Artikeln aus französischen Gesetzen über Einreise und Aufenthalt von Ausländer_innen wieder. Ab dem Zeitpunkt ist außerdem festzustellen, dass quasi systematisch einige Tage vor offiziellen Besuchen von europäischen Beamten im Land polizeiliche Razzien in den Stadtteilen mit hohem Migrationsanteil durchgeführt werden: eine weiteres Zeichen des guten Willens.

Ebenfalls in Marokko wurde 2006 die erste »Euro-afrikanische Konferenz zu Migration und Entwicklung« organisiert, die die Repräsentant_innen von 50 Ländern aus dem Norden und Süden des Mittelmeers versammelte. Das Treffen wurde als Anfang eines »innovativen Prozesses« bezeichnet, der zum Ziel habe, »die Fragen der Migration auf ausgeglichene Art und in einem Geiste geteilter Verantwortung zu begreifen«. Die Arbeiten, die aus dieser und den nachfolgenden Konferenzen hervorgehen, zeugen jedoch vom eurozentristischen Charakter des Unterfangens. Es war von vornherein festgelegt, dass die EU »von ihren afrikanischen Partnern die Umsetzung einer Politik der Prävention und der Reduzierung von irregulärer Migration erwartet«. Und wenngleich einige Lippenbekenntnisse

---

36 Im Widerspruch zu den internationalen Prinzipien (insbesondere der Allgemeinen Erklärung der Menschenrechte), die festlegt: »Jeder hat das Recht, jedes Land, einschließlich seines eigenen, zu verlassen«.

abgegeben wurden, wie beispielsweise die Empfehlungen, »Migrant_innen und Flüchtlingen die Respektierung ihrer Rechte zu garantieren« oder »den Schutz gefährdeter Gruppen zu verstärken«, so beziehen sich die konkreten Maßnahmen, die von den afrikanischen Partnern in diesem Dialog erwartet wurden (und werden), doch allesamt auf die Kontrolle ihrer Grenzen. In Marokko gründete man im Nachklang ein Verwaltungsamt für Migration und Grenzüberwachung (Direction de la migration et de la surveillance des frontières) und ein Beobachtungsinstitut für Migration, zu deren obersten Prioritäten die Überwachung der Küsten und Kontinentalgrenzen, die Behandlung der abgefangenen Migrant_innen (Erste Hilfe, Identifizierung, Rückführung), das Ausheben von Netzwerken sowie die Abschreckung junger, zur illegalen Migration verleiteter Marokkaner_innen gehören.

Maghreb – Europa: durchaus geteilte Interessen

Weder dieses offensichtlich ungleiche Kräfteverhältnis noch die finanziellen Vorteile, die die Zusammenarbeit mit der EU bietet, könnten für sich erklären, warum die nordafrikanischen Länder ihre politischen Agenden und Prioritäten derart bereitwillig den europäischen Erwartungen anpassen. Die strategischen Interessen der EU in der Region dienen ihnen als Hebel bei den Verhandlungen. Dank der Europäischen Nachbarschaftspolitik, die die Grenzkontrollen ins Spiel bringt, wird der Einsatz noch erhöht. Die starken wirtschaftlichen Beziehungen zwischen Ländern wie Tunesien und Marokko und der EU (im Tourismussektor, bei der Produktionsverlagerung von Textilunternehmen und bei der Entwicklung von Telearbeit, einer Form der Heimarbeit, bei der Arbeitnehmer_innen über elektronische Kommunikationsnetze mit dem Arbeitgeber in Verbindung stehen), oder die zunehmende Bedrohung durch Terrorismus, die komplexer wird und sich auch im Süden niederschlägt, sind Faktoren, die die Interessen beider Parteien annähern. Somit war die Beteiligung Marokkos und Tunesiens an der NATO-Operation Active Endeavour im Nachklang des 11. Septembers von großem Nutzen für Europa, das auf die Sicherheit in den Maghrebstaaten sowohl für den Mittelmeertourismus als auch für gesunde wirtschaftliche Beziehungen angewiesen war. Doch sie war von ebenso großem Nutzen für Tunis und Rabat, weil sie die Möglichkeit bot, begehrtes Know-how für die Organisation von Patrouillen, Rückführungen und maritimen Abfangaktionen im Rahmen des Kampfes gegen den Terror zu erhalten – ein Sprungbrett für die Ausweitung der Zusammenarbeit im Bereich der Einwanderungskontrolle auf See.

Auch energiepolitische Erwägungen spielen eine nicht zu verachtende Rolle, die sich aus dem Reichtum Algeriens an Bodenschätzen erklärt (Algerien ist der sechstgrößte Erdgasförderer weltweit). Drei Ferngasleitungen, von denen einige Streckenabschnitte Marokko und Tunesien durchqueren, führen in die EU; eine vierte soll in naher Zukunft Sardinien und Korsika versorgen. Daraus ergibt sich eine Form von gegenseitiger Abhängigkeit: einerseits für Algerien, dessen Großteil an Exporten nach Europa geht; andererseits für die EU, die darauf angewiesen ist, ihre Energieversorgung aus unterschiedlichen Quellen sicherzustellen.

Zu diesem Kontext kommt die Last regionaler Rivalitäten hinzu, insbesondere zwischen Marokko und Algerien, für die die Frage der illegalen Einwanderung alte Grenzstreitigkeiten nährt. So beispielsweise die Frage nach der Westsahara, für deren Unabhängigkeit Algerien sich ausspricht, während Marokko Anspruch auf das Territorium erhebt. Die Grenze zwischen beiden Ländern, 1994 dicht- und seitdem nie wieder aufgemacht, ist zur Goldgrube für all jene geworden – Mafiosi und Polizeibeamt_innen beider Seiten –, die Grenzüberquerungen von Migrant_innen von südlich der Sahara zu Geld machen. Die Stadt Oujda, im Nordosten Marokkos, ist seit jeher Schauplatz dieser Machenschaften. Bis dahin durchquerten die via Algerien aus der Wüste kommenden Reisenden Marokko lediglich, die letzte Etappe vor Europa. Die Kooperation des Königreichs bei der Migrationspolitik der EU hat die Tarife für jede Etappe der Migrationsrouten in die Höhe getrieben und eine Art Ping-Pong-Spiel zwischen den beiden verfeindeten Brüdern Algerien und Marokko begünstigt, dessen Spielball die Migrant_innen sind. Die Presse berichtet regelmäßig von Abschiebeoperationen – aus Marokko nach Algerien – von Afrikaner_innen, von denen jede_r weiß, dass sie einige Tage später zurück sein werden. In der Zwischenzeit werden sie jedoch regelmäßig Opfer von Erpressungen durch regionale Schleuser.

Zusätzlich zu den Gewinnen, die sie den Schiebern bescheren, bieten solche Geschehnisse beiden Ländern die Möglichkeit, das jeweils andere zu beschuldigen, sich im Kampf gegen illegale Migration aus der Verantwortung zu ziehen. Dieses rituelle Wortgefecht, das eher von Selbstdarstellung als von Effizienzstreben zeugt, befeuert zusätzlich den Kampf um die regionale Hegemonie, um die die beiden Länder sich streiten.

Die Rückübernahmeabkommen als Zuckerbrot

Da Marokko aufgrund seiner geographischen Lage direkter der EU ausgesetzt und auf wirtschaftlicher Ebene stärker von ihr abhängig ist, hat es sich einen gehörigen Vorsprung vor Algerien hinsichtlich der Partnerschaft mit Europa erarbeiten können. Es ist der einzige der Maghrebstaaten, dem 2008 ein »hervorgehobener Status« (statut avancé) zuerkannt wurde, der ihm regelmäßige Gipfeltreffen mit Repräsentant_innen europäischer Institutionen garantiert, sowie eine Vertiefung der Handelsbeziehungen mit den Mitgliedsstaaten der EU und die direkte Zusammenarbeit mit deren Sicherheits-, Polizei- und Justizinstitutionen; und das trotz des seit 2003 andauernden Widerstands Marokkos gegen eine der Schlüsselforderungen, die die EU an alle Länder stellt, an die sie die Überwachung ihrer Grenzen delegiert: die Unterzeichnung eines Rückübernahmeabkommens. Diese Verträge verpflichten die Partnerländer Europas nicht nur, ihre eigenen Staatsbürger_innen, die sich mit irregulärem Status in der EU aufhalten, ›zurückzunehmen‹, sondern darüber hinaus alle Migrant_innen ohne Papiere, die auf ihrer Flucht den Boden des Partnerlandes betreten haben. Es ist dieser letzte Punkt, der generell Vorbehalte auslöst, da das ›Aufnahmeland‹ im Namen der »geteilten Verantwortung«, auf die sich die europäischen Verhandlungsstrategen berufen, verpflichtet ist, sich des behördlichen und finanziellen Aufwands, der durch die abgeschobenen Migrant_innen entsteht, die man ihnen zurückschickt, anzunehmen.

Dieser Mechanismus schafft für die Wiederaufnahmeländer den Anreiz, die Überwachung ihrer eigenen Grenzen zu verschärfen. So kommt Europa bei der Verlagerung der Grenzkontrollen billig davon, und es erklärt sich von selbst, wieso die Rückübernahmeabkommen den zentralen Verhandlungsgegenstand der Europäischen Nachbarschaftspolitik darstellen. Sie sind die Zeit und das Geld wert, die sie kosten. Der Vizepräsident der Europäischen Kommission erklärte 2006 scharfsinnig:

»Die Aushandlung der Rückübernahmeabkommen ist keine einfache Sache. [...] Der Hauptgrund für ihre Langwierigkeit ist, dass sie, wenngleich die Abkommen in der Theorie auf Gegenseitigkeit beruhen, in der Praxis im Wesentlichen klar den Interessen der Europäischen Gemeinschaft dienen. Ein positiver Abschluss der Verhandlungen hängt also von den ›Hebeln‹, oder sollte ich sagen von dem ›Zuckerbrot‹ ab, über das die Europäische Kommission verfügt, soll heißen, von ausreichend wirksamen Anreizen, um die Kooperation des betroffenen Drittstaats zu erreichen.«[37]

Maßgeschneiderte Diplomatie im Osten

An der Ostgrenze findet Europa leichter Abnehmer für sein ›Zuckerbrot‹. Das liegt zunächst daran, dass ein Teil der auserwählten Partnerländer sich um die Aufnahme in die EU bewirbt. Die Hoffnung, eines Tages zum ›Club‹ zu gehören, ist ein schwerwiegender Anreiz. Anderen wird eine Aufweichung des Visumregimes versprochen, um ihren Staatsangehörigen das Überqueren der Grenzen der Mitgliedsländer zu erleichtern. Denn Europa ist – wie im Fall der Länder südlich des Mittelmeers – aus unterschiedlichen Gründen auf die Mitarbeit ihrer Nachbarn im Osten angewiesen. Diese Gründe unterscheiden sich zwar je nach geographischer Lage, die Frage nach den Einwanderungskontrollen ist aber stets einer davon. Die Erweiterung von 2004 hat zu einer neuen Ausgangssituation geführt, die die EU dazu veranlasste, den jeweiligen Umständen angepasste Strategien zu entwickeln.

Im Falle der Ukraine stehen verschiedene Dinge auf dem Spiel. Durch dessen 500 Kilometer lange gemeinsame Grenze mit vier Mitgliedsstaaten der EU (Polen, Slowakei, Ungarn, Rumänien) zu einem direkten Nachbarn geworden, oszilliert das Land zwischen zwei Anziehungspunkten: Europa im Westen, Russland im Osten. Die Annäherung an die EU stellt ein Mittel dar, Moskau nach Belieben auf Distanz zu halten.[38] Und letztlich auch um Reiseerleichterungen für ihre Staatsbürger_innen innerhalb der EU zu erreichen. Für die EU ist es wichtig, eine Beziehung zu Kiew aufzubauen, die garantiert, dass die Grenzen im Angesicht der ›drohenden Einwanderungswellen‹ einigermaßen abgedichtet werden, ohne jedoch dabei ihre

---

37 Franco Frattini, zwischen 2004 und 2008 Vizepräsident der Europäischen Kommission und Kommissar für Justiz, Freiheit und Sicherheit, in einer Ansprache vor dem französischen Senat. Frei übersetzt.

38 Wie riskant diese Strategie war, zeigte sich spätestens Ende 2013, als monatelange Proteste das Land zeitweise in bürgerkriegsähnliche Zustände versetzten und den damaligen Präsidenten Janukovič zum Rücktritt zwangen. Beobachter_innen sahen die überraschende Ankündigung Janukovičs, das seit 2007 verhandelte Assoziationsabkommen mit der EU nicht zu unterzeichnen, als einen zentralen Auslöser der Proteste. Auch die Situation in der Ostukraine, mit der Abspaltung der Krim und anhaltenden Auseinandersetzungen zwischen ukrainischem Militär, Separatisten und mutmaßlichen russischen Militäreinheiten (Stand Januar 2015) spricht ebenso wenig für eine erfolgreiche Europa-Politik der Ukraine wie für eine erfolgreiche Ukraine- und Russland-Politik der EU, Anm. d. Übers.

wirtschaftlichen und energiepolitischen Interessen aufs Spiel zu setzen. Das sind die Dreh- und Angelpunkte der Nachbarschaftspolitik in Bezug auf die Ukraine: auf der einen Seite will sich die EU nicht von einem Land abschotten, das, aufgrund der Pipelines, die es durchqueren, einen zentralen Platz in seiner Gas- und Ölversorgung aus Russland und Zentralasien einnimmt; auf der anderen Seite kommt der Ukraine seit dem Beitritt Polens zur EU hinsichtlich der Migrationspolitik eine entscheidende Rolle zu. Zuvor was es Polen, das zum Abbremsen des Zustroms von Migrant_innen, insbesondere von Tschetschen_innen, diente, die zahlreich Asyl in Europa suchten. Seit 2004 gibt es den polnischen Schutzwall nicht mehr. Man wandte sich also der Ukraine zu: Man erwartet von ihr nicht nur, dass sie die Tschetschen_innen zurückhält, sondern auch alle anderen Exilant_innen – die in immer größerer Zahl aus allen möglichen Ländern auf ihren Boden strömen. Laut einem ukrainischen Grenzschützer, den eine Genfer Zeitung zitierte, seien im Jahre 2008 Menschen aus mehr als fünfundzwanzig unterschiedlichen Ländern an der Grenze festgenommen worden, hauptsächlich Pakistani und Inder_innen, aber auch Eritreer_innen, Myanmar_innen und selbst Menschen aus der Dominikanischen Republik... Das Rückübernahmeabkommen zwischen Kiew und Brüssel, zusammen mit den finanziellen Mitteln für den Bau mehrerer Abschiebezentren, soll der Ukraine helfen, den Forderungen der EU gerecht zu werden. In der Region von Transkarpatien wird dieses Vorhaben jedoch aufgrund der vielen Berge und Wälder zu einer schwierigen Aufgabe. Zur legendären Durchlässigkeit der Grenzen kommen die Auswirkungen des Drucks, den Europa ausübt: Dank der Osterweiterung, die das Nachbarland Polens zum Tor zu Europa hat werden lassen, erlebte man dort einen Boom im Schmuggelgeschäft, »von dem eine ganze Reihe Leute leben, vom Bauern, der sein Zimmer für zehn Dollar die Nacht vermietet, zu den Grenzschützern, die bezahlt werden, um bei den Übertritten von Illegalen die Augen zuzudrücken«, vertraute ein Einwohner der Region einem Schweizer Journalisten während eines Interviews an.

Auf dem Balkan liegen die Dinge einfacher. Die EU sprach sich ab 2000 für eine mittelfristige Integration der ehemals jugoslawischen Länder in seine Reihen aus. Es geht dabei für die Union darum, Garantien für die Stabilität einer Region sicherzustellen, die bis vor Kurzem ein Pulverfass darstellte. Wenngleich der Prozess langsam und unter Vorbehalten vonstatten geht – nur Slowenien und Kroatien hatten bis 2013 eine Mitgliedschaft errungen –, stellt diese Perspektive zweifelsohne einen Anreiz zur aktiven Mitarbeit bei europäischen Projekten dar. Dazu gehört auch die Mitarbeit im Bereich der Grenzkontrollen, die hier aus einem anderen Grund wichtig ist als in den Verhandlungen mit der Ukraine. Die Zahl der Migrant_innen aus anderen Teilen der Welt in der Balkanregion ist, wenngleich sie seit Ende der 2000er Jahre ansteigt, noch immer gering. Doch die EU möchte trotz der Aufhebung der Visumpflicht für mehrere Balkanstaaten nicht riskieren, ›überflutet‹ zu werden: Sie fordert ihre Partner eingehend dazu auf, Achtung walten zu lassen. »Die serbische Regierung muss die nötigen Maßnahmen ergreifen und alles dafür tun, die Möglichkeiten des Missbrauchs der ausgesetzten Visapflicht zu limitieren«, erklärte deshalb das Europäische Parlament ein Jahr nach Öffnung der Grenzen des Schengenraums für serbische Staatsangehörige. Auf der anderen Seite zählt die EU auf die mit den ehemals jugoslawischen Ländern ausgehandelten Rückübernahmeabkommen, um diese dazu zu verpflichten, die Zehntausenden Roma ›zurückzunehmen‹, die zum Zeitpunkt des Konflikts Anfang der 1990er Jahre aus der Region geflohen waren und sich dauerhaft in einigen Mitgliedsstaaten der EU eingerichtet haben, besonders in Nordeuropa. Eine Forderung, die bei den Partnern kaum auf Widerstand trifft. Natürlich führt die Aussicht auf die Rückkehr einer Bevölkerungsgruppe, die eigentlich überall, auch in ihren Herkunftsländern, als unerwünscht eingestuft wird, nicht zu Enthusiasmus. Doch die finanzielle Kompensation, die den Ländern angeboten wird, die die Abschiebungen akzeptieren, erleichtern die Überzeugung zur Mitarbeit bei dem Projekt. Was die Roma angeht, die nach zehn oder fünfzehn Jahren Aufenthalt in Deutschland oder in Schweden zurück ›nach Hause‹ geschickt werden – wie es bei jenen, die aus dem Kosovo stammen, gemacht wird –, so haben deren Schicksale angesichts der Vorschriften der Europäischen Nachbarschaftspolitik wenig Gewicht.

Spaniens »Afrika-Plan«

Ebenso wie die kosovarischen Roma wurden junge Senegales_innen, aus Mangel an Perspektive in ihrem Heimatland zur Flucht nach Spanien getrieben, Mitte der 2000er Jahre Opfer einer bitteren Farce. Die Affäre um den spanischen »Plan Africa« ist charakteristisch für die Haltung der ›Aufnahmeländer‹, für die Einwanderung entweder nützlich oder nicht existent zu sein hat, und der Auswanderungsländer, wo Migrant_innen von den Regierenden für ihre politischen Interessen instrumentalisiert werden.

Als sie 2006 ein Aufnahmelager für gerade von der gefährlichen Überfahrt von der westafrikanischen Küste auf den Kanarischen Inseln gelandete Migrant_innen besuchte, zeigte sich die Europaabgeordnete Hélène Flautre (Grüne) besorgt über deren Wohnbedingungen. Alles in allem kamen sich die Flüchtlinge trotz der schlechten Qualität der Unterbringung (Stoffzelte), dem Mangel an Intimsphäre und einiger sanitärer Probleme eher gut behandelt vor. Für die Großzahl war es die Reise – mehrere Tage an Bord maßlos überfüllter Boote –, die die Hölle war, die Ankunft auf europäischem Grund stand dagegen für Erlösung und Hoffnung. Die Kanarischen Inseln gehören zu Spanien und Spanien gehört zu Europa. Mehr als 25.000 Menschen, in ihrer Mehrheit aus Ländern Westafrikas, waren ihnen im selben Jahr im kanarischen Archipel vorausgegangen, von wo aus man leichterdings auf die Halbinsel gelangt. So eindrucksvoll diese Zahl auch erscheinen mag, sie machte 2006 kaum fünf Prozent der Einreisen von Migrant_innen nach Spanien aus. Zu jener Zeit hieß man dort noch gerne junge Afrikaner_innen willkommen, die bereit waren, für wenig Geld unter härtesten Bedingungen zu arbeiten. Und darüber hinaus bestand – wenn man erst einmal auf dem Kontinent war – unter Umständen die Möglichkeit, weiter Richtung Frankreich, Deutschland oder England zu reisen.

Senegalesisch um jeden Preis

Das einzige Problem für einige war, dass die spanische Polizei sie nicht unter ihrer tatsächlichen Nationalität registrierte, sondern als senegalesisch. So auch der Fall des Ivorischen Mannes, der Hélène Flautre den Flüchtlingspass zeigte, der ihm in Mali ausgestellt worden war. Er ist nicht der Einzige. Seit einigen Wochen schienen alle, die aus Subsahara-Afrika in dem Lager eintrafen, dieselbe Behandlung erfahren zu haben, unabhängig davon, welche Staatsangehörigkeit sie bei den spanischen Behörden angegeben hatten. Ein Vertreter von Ärzte der Welt bestätigte, dass er selbst gesehen habe, wie ein Polizist im Kommissariat »Senegalese« auf das Formular eines Mauretaniers schrieb, der soeben seine Identität erklärt hatte – ohne diesen darüber aufzuklären. Vom Parlament zu den für die Bestimmung der Nationalität benutzten Methoden befragt, erklärte der zuständige Kommissar, dass eine Person, »die die afrikanischen Dialekte kennt«, sich mit den Migrant_innen unterhält, um deren Herkunftsland festzustellen. Einige Wochen zuvor war eine senegalesische Delegation auf die Kanarischen Inseln entsandt worden, um bei der Identifikation der Afrikaner_innen in den unterschiedlichen Auffanglagern des Archipels zu helfen. Von den 6.000 Personen die damals zugegen waren, hatte die Delegation innerhalb weniger Tage 5.000 als senegalesische Staatsange-hörige >anerkannt<.

Nun war kurze Zeit vorher ein Abkommen zwischen Spanien und dem Senegal geschlossen worden, das die Rückführung senegalesischer Migrant_innen im Gegenzug für Entwicklungshilfe vorsieht. Zwanzig Millionen Euro hatte die spanische Regierung für die Finanzierung eines Rückführungsplans von Ausgewanderten versprochen, wie der senega-lesische Innenminister am 12. September 2006 erklärte. Zwischen dem 14. September und dem 17. Oktober wurden 4.000 Menschen nach Saint-Louis-du-Sénégal abgeschoben, wofür um die 15 Flüge pro Woche gechartert wurden. Um einen derartigen Rhythmus beizubehalten, muss >abgeliefert< werden, da bleibt keine Zeit, sich mit Details aufzuhalten. Die Abgeschobenen müssen aus dem Senegal stammen – was macht es schon, ob sie angeben, aus der Elfenbeinküste, Mali, Mauretanien oder Zentralafrika zu kommen. Und das ist nicht die erste Betrügerei. Im Juni desselben Jahres hatten Angehörige einer Gruppe Abgeschobener von den Kanarischen Inseln bei ihrer Ankunft in Dakar protestiert: Um sie zum Einsteigen in das Flugzeug zu bewegen, hatte man sie glauben lassen, sie würden nach Malaga in Südspanien gebracht.

Dabei war die Welle der Überfahrten mit *cayucos* absehbar: Sie began-nen Ende 2005, kurz nach der >Verriegelung< der Straße von Gibraltar, bis dahin die Route, die aus Afrika kommende Migrant_innen gewöhnlich für die Reise nach Europa nahmen, und der tragischen Repression von Mig-rant_innen, die beim Erklimmen der Zäune um die spanischen Enklaven Ceuta und Melilla im Herbst desselben Jahres den Kugeln von Grenzschüt-zer_innen zum Opfer fielen.[39] Doch es bedurfte des Drucks der kanarischen Provinzregierung, untermalt von einer spektakulären Zurschaustellung der Landungen – Reportagen zeigten die Leichen ertrunkener Afrikaner_in-nen, die vom Meer an Strände voller badender Touristen gespült wurden

---

39 Emmanuel Blanchard/Anne-Sophie Wender: »Guerre aux migrants. Le livre noir de Ceuta et Melilla«, Syllepse, Paris, 2007.

– damit die Zentralregierung sich einschaltete, um politische Lösungen für das Phänomen zu finden.

Vom Plan Africa ...

Beim ersten Besuch von Premierminister José Luis Zapatero in Dakar Ende 2006 wurde ein spanisch-senegalesisches Abkommen unterzeichnet, in dem die Grundpfeiler festgelegt wurden, auf denen die bilaterale Beziehung aufbauen soll: Verstärkung des politischen Dialogs, Entwicklungshilfe, Zusammenarbeit im Bereich Migration inklusive des ›Migrationsmanagements‹ und der legalen Einwanderung. Dieses Abkommen fügt sich in ein umfassenderes Projekt der spanischen Regierung ein, sich eine auf die westafrikanischen Länder ausgerichtete Außenpolitik zuzulegen: der ebenfalls im Jahr 2006 gestartete »Plan Africa«. Wenngleich dieser mehrere Aspekte wie die Zusammenarbeit mit der ECOWAS (Westafrikanische Wirtschaftsgemeinschaft) oder die »Stärkung des aktiven Multilateralismus« einschließt, stellt die Migrationsfrage das Herzstück des Plan Africa dar. Er stellt eine direkte Verbindung zwischen den von Spanien zur Verfügung gestellten Finanzhilfen und der Kapazität der Zielländer her, die Migrationsströme zu regulieren. Im Hintergrund der Verhandlungen warf die EU ihr Gewicht in die Waagschale. Von der Labilität ihrer Partnerländer mit den exponiertesten Grenzen, wie Italien und Spanien, beunruhigt, übten die Mitgliedsstaaten Druck auf die EU aus, damit diese für die Finanzierung ihrer Anstrengungen aufkommt. Diese Unterstützung trat im Falle Spaniens vor allem in Gestalt der europäischen Grenzschutzagentur Frontex auf den Plan, der eine wichtige Rolle als Teil des Überwachungsdispositivs der kanarischen Küsten zukommt.

Eine der am meisten diskutierten Maßnahmen des Plan Africa war der Wunsch der spanischen Regierung, den Prozess der sofortigen Abschiebung irregulär nach Spanien eingewanderter Migrant_innen zu erleichtern. Es folgte eine diplomatische Offensive Spaniens in Westafrika mit der Eröffnung neuer Botschaften (in Mali und Kap Verde) und der Abschluss mehrerer Kooperations- und Rückübernahmeabkommen (Kamerun, Elfenbeinküste, Ghana, Gambia, Senegal). Besondere Bemühungen richteten sich seit Anfang 2006 auf Mauretanien. Damals war das Land der Hauptablegeplatz für *cayucos*, noch vor dem Senegal – die Blockade der Straße von Gibraltar ließ keine andere Wahl. Zusätzlich zur Aushandlung eines Vertrags zur direkten Wiederaufnahme von Migrant_innen – ungeachtet ihrer Nationalität –, die von den mauretanischen Küsten aus in Richtung der Kanarischen Inseln aufbrechen, wurde ein Camp zur Sicherheitsverwahrung für zurückgeschobene Migrant_innen von der spanischen Armee in Nouadhibou, der wirtschaftlichen Hauptstadt Mauretaniens, eingerichtet. Diese Abschreckungsmaßnahmen erklären zu einem großen Teil, warum die Migrationsrouten sich nach Süden verlagerten, um fortan über die Küsten des Senegals zu verlaufen.

Mit Dakar verliefen die Verhandlungen nicht ganz so einfach. Dort wollte man zwar mitarbeiten, aber es galt, die Formalia zu klären. Im Mai 2006 hatten sich abgeschobene Migrant_innen bei ihrer Ankunft beschwert, von der spanischen Polizei während der Rückführung mit Handschellen gefesselt und misshandelt worden zu sein. Die Affäre erregte viel Aufsehen und die senegalesische Regierung beschloss, die Rückschiebungen solange auszusetzen, bis man ihr garantieren konnte, dass die Würde der Betroffenen respektiert würde. Als das Verfahren wenige Wochen später wieder aufgenommen wurde, starteten die Flüge von den Kanaren mitten in der Nacht statt am helllichten Tag und steuerten den Flughafen von Saint-Louis statt den von Dakar an. Mangels Würde eine andere Art, die Öffentlichkeit zu meiden und sein Gesicht zu wahren.

... zum REVA-Plan

In der Zwischenzeit gab es Fortschritte bei den Spitzengesprächen. Der senegalesische Präsident Abdoulaye Wade erklärte in einem Interview mit einer französischen Wochenzeitung explizit, was er von Spanien als Gegenleistung für seine Kollaboration erwartete: »Dass sie mir sie zurücksenden, aber dass sie mir auch Rückhaltebecken geben« (für Wasser zum Bewässern). Das traf sich ziemlich gut: Ein Jahr zuvor hatte der senegalesische Staatschef einen Plan für die Rückkehr zur Landwirtschaft für Ausgewanderte aufgestellt (den Plan REVA), der einiger Finanzhilfen bedurfte. Zusammen mit Marokko wurde Spanien einer seiner größten ausländischen Geldgeber. Das Programm, das auf der Schaffung von Entwicklungszentren für Landwirtschaft, Forstwirtschaft und Fischzucht aufbaut, richtet sich vor allem an >zurückgekehrte Emigrant_innen<, Frauen und Jugendliche. Mit einer großen Werbekampagne angekündigt, sollte es im Zeitraum der einjährigen Pilotphase (2006 bis 2007) 300.000 Arbeitsplätze schaffen und die Produktion des Gemüseanbaus verdoppeln.

Ein terminlicher Zufall? 2007 war auch das Jahr der Präsidentschaftswahlen im Senegal. Das Thema Migration lieferte Abdoulaye Wade, der für seine eigene Nachfolge kandidierte, reichlich Material für seine Kampagne. Als Echo auf die große diplomatische und operationelle Artillerie, die Spanien aufgefahren hatte, um den Strom von *cayucos* zu unterbinden, spielte die senegalesische Regierung die nationalistische und mitfühlende Karte, um ihre Bevölkerung davon zu überzeugen, dass sie die Dinge in die Hand nimmt. Die Fernsehsendungen waren gefüllt mit demütigenden Bildern erschöpfter junger Afrikaner_innen bei der Überfahrt, die von der kanarischen Küstenwache abgefangen wurden, die ihrerseits bestätigten, dass im Laufe des Jahres 2006 mehr als 500 Ertrunkene vor den Küsten gefunden worden waren. Man ließ Vereinigungen von Müttern von während der Überfahrt ertrunkenen Auswander_innen zu Wort kommen, die öffentlich Maßnahmen forderten, um diesen Dramen ein Ende zu setzen. Im Mai 2006 erklärte der Innenminister feierlich, dass die Regierung unnachgiebig gegen ›Illegale‹ und ›Schleuser‹ vorgehen würde. Daraufhin wurden 1.500 potenzielle Auswander_innen festgenommen und auf Grundlage eines Gesetzes zum ›Kampf gegen den Menschenhandel‹ verurteilt, das bisher so gut wie nie zur Anwendung gekommen war – die senegalesische Justiz wollte augenscheinlich ein Exempel statuieren. Die Stimmungslage im Land war dem REVA-Plan gewogen, von dem man versicherte, er sei »eine Vision, eine Initiative« des Staatschefs, und der wie eine angemessene Lösung für das Problem schien. Große Propagandaplakate (»An den REVA-Plan glaube ich, beim REVA-Plan bin ich dabei«) bedeckten die Verkehrsachsen der Hauptstadt und der Küstenregionen. Die laufenden Verhandlungen mit Spanien wurden als direkte Umsetzung der senegalesischen Forderungen dargestellt. So scheute sich ein senegalesischer Beamter nicht, die massive Abschiebewelle von September 2006 vor der Presse mit folgenden Worten zu kommentieren: »Diese Operation folgt einer Forderung der senegalesischen Behörden, die die Rückführung unser jungen Landsleute bei der spanischen Regierung erbeten hatten.« Und die finanziellen Versprechungen für die Mitarbeit des Senegals bei der Einwanderungskontrolle seitens der spanischen Delegationen, die sich in Dakar die Klinke in die Hand gaben, schienen die Anstrengungen des senegalesischen Staats mit Erfolg zu krönen, der derart die Entwicklungsgelder zu finden wusste, mit denen die eigene Bevölkerung im Land zu halten war.

Doch diese pseudo-optimistische Plakatwerbung vermochte nicht lange, die wahren Motive hinter der Operation REVA zu verschleiern. Noch vor dem Wahldatum wurde Präsident Wade Zielscheibe der Kritik für einen Teil der Öffentlichkeit. Im Februar 2007 empfingen ihn im Rahmen einer Wahlkampfveranstaltung in Kayar, einer Küstenstadt, von der aus zahlreiche Kajaks mit Auswanderern gestartet waren, mehrere Hundert junger Demonstrant_innen mit Parolen wie »Du hast uns an die Spanier verkauft!«. Sie warfen ihm nicht nur vor, sie mithilfe von Polizeiblockaden daran gehindert zu haben, in See zu stechen, sondern auch, die 13 Milliarden Francs CFA (19,8 Millionen Euro) veruntreut zu haben, die er im Gegenzug von der spanischen Regierung zur Bekämpfung der Jugendarbeitslosigkeit bewilligt bekommen hatte. Wenngleich die Zweifel bestehen blieben – die Regierung erklärte, dass die Zahlung noch nicht geleistet worden sei, während der Verantwortliche der Nationalen Arbeitsagentur für Jugendliche das Gegenteil behauptete und damit eine lebhafte Polemik lostrat –, wurde nie Licht in die Angelegenheit gebracht. Darüber hinaus schien der groß angekündigte Plan zur Rückkehr zur Landwirtschaft sehr schnell im Sinken begriffen. Die 2007 eigens zu dessen Umsetzung ins Leben gerufene Nationale Agentur für den REVA-Plan (ANREVA) hat erhebliche Startschwierigkeiten.

Die Geisterbilanz

Beobachter_innen sind im Allgemeinen skeptisch, was die Zukunft des Programms angeht, und zwar aus mehreren Gründen. Zunächst wäre da die Korruption, die es erzeugt hat: Ein Vorwurf war, dass das Programm in erster Linie den Mitgliedern und Attachés des Regimes genützt habe, die mehrere Hunderte Hektar Land beschlagnahmten und die Landwirt_innen zu Landarbeiter_innen machten. Tatsächlich gaben einige Verantwortliche der ANREVA-Agentur an, von Politikern unter Druck gesetzt worden zu sein, damit die vorgesehenen Landwirtschaftszonen in ganz bestimmten Wahlkreisen eingerichtet wurden, ungeachtet von Erwägungen über Bodenbeschaffenheit und Fruchtbarkeit der Erde. Das REVA-Programm sorgte auch aufgrund der Kandidatenauswahl für Vorbehalte: Im Laufe der Monate schien sich das ursprüngliche Motiv – Arbeit für die rückgekehrten Auswander_innen zu schaffen – in Luft aufzulösen, stattdessen wurde ein Zielpublikum angesprochen, das zur Landarbeit ›zurückkehren‹ wollte. Aber wer sollte das sein? Die jungen Arbeitslosen in den Städten sträuben sich, in der Landwirtschaft zu arbeiten. Gleiches gilt für die Bewohner_innen der Küstenregionen, die eher dem Fischfang und anderer Arbeiten im maritimen Bereich zugeneigt sind, aber zur Zielgruppe des REVA-Plans gehören, da sie an Bord der *cayucos* überrepräsentiert waren.

Letztlich gab es auch technische Kritik an dem Programm. Interessengemeinschaften der Landbevölkerung beklagten sich über den vollkommenen Mangel an Abstimmung mit den Beschäftigten im landwirtschaftlichen Sektor und die Unangemessenheit des Plans für die lokalen Realitäten: Wenngleich er auf die Entwicklung des agro-industriellen Sektors ausgerichtet war (»Landwirtschaft, das neue Business«, kündigt die Internetseite der ANREVA an), ließ er die Basiseinheit der senegalesischen Landwirtschaft, die Familienbetriebe, vollends außen vor.

Es fällt schwer, eine Bilanz des REVA-Plans zu ziehen. Ein spanischer Diplomat in Dakar schätzte 2008, dass er statt der angekündigten 300.000 bestenfalls die Schaffung von 2.000 Arbeitsplätzen ermöglicht habe. Drei Jahre später zeigte sich, dass die wenigen verfügbaren Daten diese Prognose bestätigten. Im November 2009 forderten senegalesische Parlamentarier eine Evaluation des Plans von der Regierung mit der Beschwerde, dass »noch niemand Bilanz gezogen« habe. Der Landwirtschaftsminister räumte in seiner Antwort Startschwierigkeiten des Programms ein, versicherte aber, dass es seit 2008 bestens organisiert sei. Eine schwer zu verifizierende Behauptung. Zwar kündigt die ANREVA auf ihrer Internetseite an: »um die Sichtbarkeit dieser Aktion zu steigern, werden halbjährig Geschäftsberichte erstellt werden«, doch findet man dort nur den Bericht vom ersten Semester 2008 und sonst nichts. 2010 veröffentlichte die Agentur schließlich einen Tätigkeitsbericht für die zurückliegenden drei Jahre. Ihm kann man entnehmen, dass der Plan es möglich gemacht habe, »937 junge Menschen aus ländlichen Gegenden in landwirtschaftlichen Berufen auszubilden und einzustellen«, zudem sähe er »die Schaffung von 7.000 Arbeitsplätzen bis 2012« vor. Man versteht, weshalb einige Kommentator_innen zu dem Eindruck gelangten, dass der REVA-Plan ein Papiertiger ist. Andere schenkten dem Projekt weniger Aufmerksamkeit und konzentrierten sich stattdessen auf GOANA (Große landwirtschaftliche Offensive für Nahrung und Wohlstand), ein Agrarreformprogramm, das 2008 vom senegalesischen Staatschef auf den Weg gebracht wurde und ähnliche Kritik hervorrief wie sein Vorgängerprogramm. »Wie schon der REVA-Plan vor ihr, ist GOANA zwangsläufig zum Scheitern verurteilt«, schätzt Jacques Fall, ehemaliger Direktor des senegalesischen Instituts für Landwirtschaftsforschung.

Migrant_innen, von beiden Seiten getäuscht

Von ihrer Regierung getäuscht, die ihnen Hunderttausende Arbeitsplätze in den schillerndsten Farben ausgemalt hatte, haben Migrant_innen aus dem Senegal nunmehr auch auf spanischer Seite keine Chance mehr. Dabei hatte es entsprechende Versprechungen gegeben. Natürlich hatte die Regierung José Luis Zapateros unter dem Druck ihrer Opposition und der um den Schutz ihrer Außengrenzen besorgten Europäischen Union ein Signal der Entschlossenheit in Richtung der Auswanderungs- und Transitländer abgeben wollen, indem sie die Ursachen der irregulären Einwanderung im Rahmen von Plan Africa 2006 zu bekämpfen versuchte. Doch der Plan enthielt keinerlei Maßnahmen gegen Einwanderung im Allgemeinen. Spanien war, nach einem Jahrzehnt des Booms, der 2005 von einem Wirtschaftswachstum von 3,5 Prozent gekrönt war (was fast dem Dreifachen des Durchschnitts in der Eurozone entsprach) und einem Haushaltsüberschuss von mehr als 1 % des BIP (gegenüber mindestens 3 Prozent Defizit in Frankreich, Deutschland und Italien), einer der Hauptarbeitgeber für Migrant_innen. Damals wurde in offiziellen Studien errechnet, dass sich der Bedarf an ausländischen Arbeitskräften in den nächsten 15 Jahren auf vier Millionen Personen belaufen würde, eine Million davon allein für den Norden des Landes. Die Migrationsabkommen mit den nordafrikanischen Nachbarländern in der neuen Einflusszone Spaniens setzten sich entsprechend aus drei Teilen zusammen: Rückübernahme von irregulären Einwander_innen, Entwicklungshilfe, aber auch Vereinfachung der legalen Einwanderungsmöglichkeiten. Die langen Verhandlungen mit dem Senegal vor dem Hintergrund der >cayucos-Krise< verliefen nach diesem Schema. Der erste Teil wurde, unterstützt durch die abschreckenden Interventionen der Grenzschutzagentur Frontex vor den Kanarischen Inseln, umgesetzt. Der zweite Teil, die Entwicklungshilfe betreffend, wurde ebenfalls eingehalten, beide Regierungen kamen dabei an der Bevölkerung vorbei auf ihre Kosten. Für die 20 Millionen Euro, die Spanien 2006 für die Unterstützung des REVA-Plans in Aussicht gestellt hatte – die erst 2009 gezahlt wurden –, war vorgesehen, dass die Hälfte für die Finanzierung des Imports spanischer Güter und Dienstleistungen verwendet würde (die andere Hälfte ist, wie wir im Vorangegangenen gesehen haben, zweifelsohne nie an ihrem

Bestimmungsort angekommen). Und es war ein spanisches Nahrungsmittelunternehmen, Inkoa, das den 10 Millionen Euro schweren Deal für sich an Land zog.

Der letzte Teil des Programms, der die legalen Wege der Einwanderung betrifft, wurde vom REVA-Africa-Bündnis weiterhin stiefmütterlich behandelt und machte die Migrant_innen, die am Ausreisen gehindert wurden, zu den großen Verlierer_innen bei diesem Abenteuer. Ende 2006 gab der senegalesische Innenminister bekannt, dass innerhalb der nächsten zwei Jahre 4.000 junge Senegalesen ein Visum erhalten würden, um unter legalen Bedingungen in Spanien arbeiten zu gehen, und dass sich bald die ersten 75 von ihnen auf den Weg machen würden. Es folgte umgehend ein doppeltes Dementi: auf der einen Seite erwiderten die spanischen Behörden, dass sie sich keinesfalls auf eine Zahl, geschweige denn auf einen Zeitraum für die Zuwanderung von Arbeitskräften verpflichtet hätten, und dass Visa auf Grundlage des Bedarfs und gemäß der von Spanien festgelegten Modalitäten ausgestellt würden. Auf der anderen Seite wurden die Forderungen der jüngst von den Kanarischen Inseln abgeschobenen Senegales_innen abgelehnt: Da sie sich illegal Zutritt zum spanischen Hoheitsgebiet hatten verschaffen wollen, wurde ein Aufenthaltsverbot für drei Jahre verhängt. Ein wenig später, als 2.700 Visa für das Jahr 2008 ausgehandelt wurden, oblag die Auswahl der Auserkorenen allein der senegalesischen Regierung, was Anlass zu zahlreichen Gerüchten über Klientelismus und Korruption gab. Darüber hinaus ist nicht sicher, ob allen Anträgen stattgegeben wurde, da die Finanzkrise von 2008 Spanien schwer getroffen und in eine Rezession gestürzt hat, in der die Arbeitslosigkeit bis zum Jahr 2013 auf knapp über 26 Prozent stieg und seitdem nur sehr langsam sinkt. Weit davon entfernt, Einwander_innen aufzunehmen, hat die Regierung Zapatero im Gegenteil einen Plan zur freiwilligen Rückkehr erarbeitet, um Anreize für Eingewanderte zu schaffen, in ihr Land zurückzukehren. Die bilateralen Verträge für die Zulassung neuer Arbeitskräfte wiederum wurden eingefroren.

Prestigeprojekte

Das Abenteuer des REVA- bzw. Afrikaplans, ein weiteres kostspieliges, aber wirkungsloses Prestigeprojekt der Nord-Süd-Beziehungen, zeigt die Nichtigkeit der Träume vom Migrationsmanagement auf. Dies illustriert die Kehrtwende Spaniens, das, mit der Krise konfrontiert, von einem Tag auf den anderen beschloss, die Migrant_innen abzuweisen, die es zuvor angelockt hatte. Es stellt auch die Logik der Grenzkontrollpolitik infrage – auch dann, wenn ihre Befürworter_innen sie als Voraussetzung für die sozioökonomische Entwicklung des »Entsendelandes« darstellen.

Ist die afrikanische Einwanderung am Ende nicht nur ein »politisches Verhandlungsinstrument«, wie der Missionschef der Internationalen Organisation für Migration (IOM), Laurent De Boeck, 2006 in Bezug auf den Senegal in Dakar behauptete? Sicher sei, fügte er hinzu, dass die afrikanischen Regime »auf allen Ebenen gewinnen«. Sie »argwöhnen nicht, dass Tausende arbeitsloser junger Menschen ihr Land verlassen wollen«, was die Regierenden nicht daran hindert, »eine Erhöhung der Entwicklungshilfen auszuhandeln«. Mit oder ohne Abkommen zum Migrationsmanagement kann man sich die senegalesische Wirtschaft schlecht ohne das Geld vorstellen, dass die Senegales_innen ›von außerhalb‹ ihren im Land gebliebenen Familien senden. Dieser Geldtransfer, der 15 Prozent des BIP ausmacht, übersteigt bei Weitem alle Entwicklungshilfen und ausländischen Investitionen. Dieses Geld ist keine Illusion – es ist unvergleichlich wichtiger und wertvoller als die unwahrscheinlichen Effekte der fantastischen Migrationsabkommen mit den Mitgliedsstaaten der EU im Hinblick auf Schaffung von Arbeitsplätzen und Wachstum.

Es ist schwer vorstellbar, dass die Regierungen sich die Mühe machen könnten, diese Abkommen einzuhalten. Außer man versteht, dass andere Interessen – aus dem Bereich der ›Showpolitik‹– auf dem Spiel stehen, in Dakar wie in Madrid.

Libyen: Die Instrumentalisierung der Kontrollen, mit oder ohne Gaddafi

Was Showpolitik anbelangt, war der ehemalige Staatschef Libyens, Muammar al-Gaddafi, Experte. In den letzten zehn Jahren seiner Regentschaft hatte er es – Lächeln und Drohungen bewusst dosierend – verstanden, ein komplexes Kräfteverhältnis mit den europäischen Regierungen einzurichten, um Profit aus den Invasionsfantasien des Westens zu ziehen. Unter seiner Herrschaft war Libyen nacheinander Hauptableger für Boatpeople auf dem Weg nach Europa und unüberwindbare Reuse für alle Migrant_innen, die auf ihrem Weg libyschen Boden berührten. Bislang hat sich nicht gezeigt, dass die Mächte, die Gaddafi 2011 ersetzten, mit dieser ambiguen Haltung brechen könnten.

Im Februar 2011 schwappte die Welle der Proteste, die die arabischen Länder schüttelten, nach Libyen über, wo sich Aufstände gegen das seit 1969 von Oberst Gaddafi geführte Regime formierten. Die brutale Repression durch die Machthaber und der daraus resultierende Bürgerkrieg trieb Zehntausende ausländischer Staatsbürger_innen, die sich im Land aufhielten, zur Ausreise. Die große Mehrheit von ihnen fand in den Nachbarländern Schutz, vor allem in Tunesien – bis zu 800.000 Libyerinnen und Libyer überquerten die Grenze –, doch einige versuchten, auf dem Seeweg Europa zu erreichen. In wenigen Wochen landeten knapp 30.000 Personen hauptsächlich eritreischer, somalischer und äthiopischer Herkunft in Italien und ca. 2.000 auf Malta. Die Überfahrt, die unter den schlimmsten Bedingungen auf überfüllten und völlig ungeeigneten Booten erfolgte, war besonders gefährlich. Nach Angaben des Hohen Flüchtlingskommissars der Vereinten Nationen sind mindestens 1.500 Boatpeople zwischen Februar und Juni 2011 im Mittelmeer verschwunden.[40]

Kaum einen Monat nach dem Aufstand versicherte der Chef des libyschen Nationalen Übergangsrats (CNT), Mustapha Abdeljalil, den westlichen Regierungen, dass seine Bewegung die illegale Migration bekämpfen würde, so sie an die Macht gelangen sollte. Diese Eile sagt vieles aus: sie zeigt, dass noch vor dem Sturz Gaddafis – besiegelt im Oktober 2011 durch den Tod des ›Revolutionsführers‹ nach mehr als vierzig Jahren an der Macht – das Grenzmanagement einen Gegenstand von höchster Priorität in den Beziehungen zwischen den libyschen Rebellen und ihren westlichen Alliierten darstellte. Für die Europäische Union, die sich seit den 2000er Jahren darum bemüht, dass ihre Nachbarländer im Mittelmeerraum aktiv bei ihrer Migrationspolitik mitarbeiten, geht es um eine uralte Besorgnis. Doch mehr noch als mit anderen Ländern zeigen die Verhandlungen mit Libyen – unter welchem Regime auch immer –, wie sehr die Migrationsfrage zugunsten strategischer und wirtschaftlicher Interessen beider Parteien instrumentalisiert wird.

Migrant_innen, eine nationale Ressource

Ab Beginn der 2000er Jahre begannen immer mehr Migrant_innen aus Afrika, die Europa zu erreichen versuchten, von den libyschen Küsten

---

40 Bis 2014 waren es laut UNHCR bereits mehr als 4.200 Menschen, die die Reise über das Mittelmeer nicht überlebten. Amnesty International beziffert die Gesamtzahl registrierter Todesopfer auf 22.000, Anm. d. Übers.

abzulegen. Bis dato hatten sie im Allgemeinen die kürzeste und schnellste Route von Marokko nach Südspanien genommen. Doch die Bemühungen Spaniens, seine Mittelmeergrenzen dichtzumachen, indem es die Überfahrt über die Straße von Gibraltar unterband, ließen die Migrationsrouten Stück für Stück nach Osten wandern. Somit wurde Libyen zu einem der Haupttransitzentren für die irreguläre Einwanderung von Afrika nach Europa, die nunmehr über Malta und Sizilien erfolgte. Es dauerte nicht lange bis dieser Umstand in den Händen Gaddafis zu einer staatlichen Einnahmequelle wurde, in ähnlicher Weise wie die Kohlenwasserstoffe, die im libyschen Boden so reichlich vorhanden sind. Es war die Zeit, als die Europäische Union, auf der Welle der Vermischung von terroristischer Bedrohung und klandestiner Einwanderung, den Schutz ihrer Grenzen, vor allem ihrer Seegrenzen, zur Priorität erklärte. Dies verlief über die Einrichtung von formalisierten Überwachungsmechanismen im Jahr 2004, über die Gründung der Grenzschutzagentur Frontex und über den Gebrauch der Außenpolitik als Hebel, um Anreize für die Nachbarn am anderen Ufer des Mittelmeers zu schaffen, auf diesem Bereich zu kooperieren. Während ein Land wie Marokko freiwillig den europäischen Forderungen nachkam, indem es sich bereit erklärte, den Grenzwächter aus der Ferne zu spielen, wusste Libyen die Gebote zu erhöhen, indem es die Migrationsfrage als Verhandlungs- wenn nicht Erpressungsgegenstand einsetzte. Die Äußerungen eines libyschen Regierungsvertreters gegenüber zwei italienischen Forschern im Jahr 2010 illustrieren diese Strategie:

»Als Europa Libyen einen Rahmenvertrag anbot, benutzte man denselben Text wie für die Verhandlungen mit Mauretanien. Das ist völlig inakzeptabel, und zwar aus mehreren Gründen! Zunächst hat Libyen Tausende Kilometer Küste, was zu großen Problemen in Bezug auf ein Migrationsmanagement führt. Darüber hinaus besitzt Libyen ein wirtschaftliches Potenzial ohnegleichen in der Region. Die EU muss die spezielle Rolle Libyens berücksichtigen. Das ist sehr wichtig für den weiteren Verlauf der Verhandlungen.«[41]

Diese Technik ist nicht neu. Seit geraumer Zeit benutzten die libyschen Staatslenker_innen die Anwesenheit von zahlreichen ausländischen

---

41 Emanuella Poletti/Ferruccio Pastore: »Sharing the dirty job on the Southern front? Italian-Libyan relations on migration and their impact on the European Union«, Working Paper, International Migration Institute, Dezember 2010. Frei übersetzt.

Arbeitskräften in ihrem Land – dank des Ölgeschäfts und mit einer Bevölkerung, die kaum 6 Millionen Staatsbürger_innen umfasst, war Libyen schon immer ein Zielland für Migrant_innen aus Subsahara-Afrika und dem Maghreb – nach Lust und Laune für ihre diplomatischen oder geopolitischen Interessen. Lange hatte man in Libyen, um seine gute Position in der CENSAD[42] zu sichern, die Attraktivitätskarte gespielt, um Studierende aus dem restlichen Afrika anzulocken, und die Schaffung des gemeinsamen Wirtschaftsraums vorangetrieben, indem man die Verbindungen von Tripolis in benachbarte afrikanische Hauptstädte stärkte. Zu anderen Zeiten wurden wiederum Tausende von Palästinenser_innen, Sudanes_innen oder Malier_innen Opfer von Massenabschiebungen, die den Preis für die Außenpolitik Oberst Gaddafis zahlten, insbesondere im Rahmen des israelisch-arabischen Konflikts. Dasselbe Vorgehen kam in den Beziehungen mit der EU ab 2004 zum Einsatz. Der Zeitpunkt war denkbar gut: Nachdem es wegen seiner Verstrickung in tödliche Attentate (auf eine Diskothek in Berlin 1986, Lockerbie 1988, Flug UTA 1989) lange Zeit aus der Staatengesellschaft ausgeschlossen und geächtet war, wurde das internationale Embargo, unter dem Libyen seit fast 20 Jahren stand, aufgehoben, nachdem seine Regierung Abbitte geleistet und Schmerzensgeldzahlungen für die Opfer versprochen hatte. Die Wiederaufnahme der Beziehungen mit der Außenwelt kam den europäischen Staaten wie gerufen, besonders denen des Südens. Es erlaubte ihnen, offiziell Diskussionen mit dem Ziel zu führen, dass Libyen seinen Platz in dem Sperrgürtel einnimmt, den die EU um sich anzulegen versuchte, um Migrant_innen auf Distanz zu halten. Sie sollten in Gaddafi einen unerbittlichen Verhandlungspartner finden, der dieselben Mittel anwandte wie sie, um viel zu bekommen und wenig aufzugeben.

Dieser konnte, pausenlos die Register wechselnd, schalten und walten, wie es ihm passte: Mal begab er sich auf die rhetorische Linie des Westens und kündigt ein hartes Durchgreifen gegen internationalen Terrorismus und im Kampf gegen irreguläre Einwanderung an, wobei er sich derselben ausländerfeindlichen Klischees bedient (Ausländer = kriminell = terroristische Bedrohung). Ein andermal rief er, die panafrikanische Karte spielend, seine »Brüder« zum Widerstand gegenüber den Forderungen der alten Kolonialherren auf – als gerechte Rache für die seit Jahrhunderten unter-

---

42 Eine 1998 auf Initiative Libyens gegründete Gemeinschaft der 21 Staaten der Sahel- und Sahararegion, die die wirtschaftliche Zusammenarbeit in der Sahelzone vorantreiben sollte.

drückten Bevölkerungen. Noch ein anderes Mal wiederum beschwor er die Bedrohung einer afrikanischen Invasion in Europa herauf, die er vorgab, durch einfaches Fingerschnippen auslösen zu können. Manchmal vereinten sich die Töne auch zu einer expliziten Erpressung. So erklärte Muammar al-Gaddafi 2006 wenige Wochen vor einem europäisch-afrikanischen Gipfeltreffen zum Thema Migration: »Sie [die Europäer_innen] müssen uns für die Ausbeutung und Plünderung unser Mineralien und Reichtümer entschädigen. Damit die Afrikaner bei sich bleiben, verlangen wir 10 Milliarden Dollar pro Jahr von Europa.«[43] Und vier Jahre später: »Vielleicht wird Europa morgen nicht mehr europäisch sein. [...] Wir wissen nicht, wie die Reaktion der weißen christlichen Europäer angesichts dieses Zustroms von ausgehungerten ungebildeten Afrikanern ausfallen wird.«[44] Nacheinander die eine oder die andere Saite anschlagend, bediente sich Gaddafi, der sich als »König der Könige Afrikas« bezeichnen ließ, der Migrationsfrage, von der Europa so besessen ist, um die harte Konkurrenz zwischen den Ländern des Westens anzufachen, die von dem Profit angelockt wurden, den das Libyen nach dem Embargo versprach. Die Perspektive eines Ansturms von Afrikaner_innen auf Europa ist indes reichlich abwegig: Der Großteil der in Libyen befindlichen Afrikaner_innen war zum arbeiten dort und hatte nicht die Absicht, das Mittelmeer zu überqueren. Ein nigerianischer Beamter unterstrich 2006 in einem Kommentar zu den massiven Abschiebewellen, von denen seine Landsleute in den zwei vorangegangenen Jahren nach Wiederaufnahme des Dialogs zwischen der EU und Libyen regelmäßig betroffen waren:

»Zu 99 Prozent haben sie nie daran gedacht, nach Europa zu gehen. Man schaue sich nur mal die Statistiken an. Unter den Einwanderern, die die europäischen Küsten erreicht haben oder Schiffbruch erlitten haben, hat man noch nie einen Nigerianer gesehen.«[45]

Doch Hirngespinste sind hartnäckig. Zumal wenn sie das Geschäft antreiben.

---

43   Depesche der französischen Nachrichtenagentur AFP, 9. September 2006.
44   Depesche der französischen Nachrichtenagentur AFP, 2. September 2010.
45   Stefano Liberti: »L'odissea dei rimpatriati dalla Libia«, Il Manifesto, 6. Juli 2006.

Erdöl, Gas und Uran gegen Migrant_innen und bulgarische Krankenschwestern

So mischten sich in den Diskussionen um die Rolle Libyens beim europäischen Grenzschutz während dieser Periode unterschiedliche Interessen. Denn dessen Wiederaufnahme in den Club der ehrbaren Staaten – zelebriert in einem pompösen Empfang des libyschen Staatschef in Brüssel auf Initiative des Kommissionspräsidenten Romano Prodi im Frühling 2004 – diente beiden Seiten: Die Aufhebung des wirtschaftlichen Embargos gab Libyen die Mittel, das energetische Potenzial seines Bodens zu vermarkten und für ausländische Firmen winkten vielversprechende Investitionen. Während des Verlaufs der zahlreichen Treffen, Konferenzen und Gipfel, die zwischen 2003 und 2011 mit Libyen zur Grenzüberwachung und der Bekämpfung von Menschenhandel abgehalten wurden, traten sich die Verhandlungsführer_innen in Tripolis gegenseitig auf die Füße, um sich dort selbst Marktanteile zu sichern. Die großen Reserven an libyschem Rohöl, einem Öl von höchster Qualität, weckten Begehrlichkeiten. Laut Einschätzung von Spezialist_innen versprachen sie die Aussicht auf beinahe sechzig Jahren Förderung, bedürften aber beachtlicher Investitionen in Erschließung und Produktion, die zu diesem Zeitpunkt nur ausländische Firmen zu tätigen in der Lage waren: amerikanische, britische, französische und italienische Investor_innen wetteiferten um die Konzessionen.

Was das Erdgas angeht, war die Haltung Italiens symptomatisch für die Vermischung der Themen: Als Silvio Berlusconi im Nachklang der Aufhebung des Embargos im Oktober 2004 zum vierten Mal im selben Jahr nach Libyen reiste, ging es um die Einweihung der 530 Kilometer langen Pipeline *Greenstream*, von der italienischen Firma ENI gebaut und bewirtschaftet, um Sizilien mit libyschem Gas zu versorgen. Zur gleichen Zeit wurde eine massive Abschiebewelle von der Insel Lampedusa organisiert (1.134 Ausgewiesene in sechs Tagen) und Verhandlungen über den Einsatz gemischter italienisch-libyscher Patrouillen auf See, an Land und in der Luft geführt, die der Überwachung der 2.000 Kilometer langen libyschen Küste und der 4.000 Kilometer langen Grenze dienen sollten, die Libyen von seinen Nachbarn trennt. Ganz zu schweigen von der italienischen Finanzierung mehrerer Abschiebegefängnisse zur Rückführung der aus Zentralafrika kommenden Migrant_innen sowie eines Rückführungsprogramms für diejenigen, die sich illegal in Libyen aufhielten: Beinah 6.000 Personen, hauptsächlich aus Ägypten, Ghana und Nigeria, wurden somit Ende 2004 mit Charterflügen abgeschoben.

Gas und Öl sind nicht die einzigen Reize Libyens, das einen großen Bedarf an zivilen und militärischen Investitionen hat. Italien sicherte sich den Löwenanteil im infrastrukturellen Sektor. Ein 2008 von Gaddafi und Berlusconi unterzeichnetes >Freundschaftsabkommen<, mit dem Tripolis sich dem Kampf gegen die von seinen Küsten ausgehende klandestine Migration verschreibt – das Abkommen umfasst eine Rückübernahmeklausel für Migrant_innen, die sich irregulär auf italienischem Grund aufhalten –, sieht italienische Investitionen in Libyen in einer Größenordnung von fünf Milliarden Dollar vor, um die Schuld aus mehr als dreißig Jahren der Kolonialisierung zu begleichen. Sie schließen den Bau einer 1.700 Kilometer langen Küstenautobahn ein, deren Kosten sich auf circa drei Milliarden Dollar belaufen. Der Großteil der Zuschläge wurde an italienische Unternehmen vergeben.

In der Hightech-Industrie ist die italienische Gruppe Finmeccanica Hauptgewinnerin des Abkommens von 2008, die Libyen über mehrere ihrer Subunternehmen mit Überwachungsmaterial für dessen Grenzen versorgt: Helikopter, Flugzeuge, Suchgeräte.

Auch Frankreich ist an Tripolis gebunden, besonders über seine Luftfahrtindustrie. Die EADS-Gruppe eröffnete 2005 ein Büro vor Ort, was ihr letztlich den Zuschlag für den Verkauf von zwanzig Airbussen sicherte. 2007 unterzeichnete Dassault Aviation ein Vertragsprotokoll, das den Kauf von vierzehn Rafale-Jagdflugzeugen, fünfunddreißig Helikoptern und zahlreicher anderer militärischer Ausstattung in Milliardenhöhe vorsah. In der Atomindustrie gibt es die Verbindungen schon lange. 2006 schlossen Libyen und Frankreich einen Vertrag über die Erforschung zivil genutzter Nukleartechnik, dank dessen die französische Firma Areva eine begrenzte Lizenz zum Uranabbau an Land ziehen konnte. Doch die Konkurrenz ist hart, insbesondere die der US-Amerikaner_innen. Da gilt es, Angebote zu machen – wovor Paris sich nicht scheut. Die haarsträubende Episode, als das Sarkozy-Pärchen 2007 bulgarische Krankenschwestern >befreite<, die in Libyen zum Tode verurteilt worden waren, weil sie angeblich libyschen Kindern absichtlich das HI-Virus injiziert hatten, und der wenig später folgende prunkvolle Empfang des libyschen Diktators bei einem offiziellen Besuch in Paris vermögen nicht, die Menschen zu täuschen. Indem er dem gerade erst gewählten französischen Präsidenten erlaubte, sich ins Rampenlicht zu stellen, sicherte sich Gaddafi im Gegenzug die Unterzeichnung eines Militärabkommens sowie eines französisch-libyschen >Bündnisme-morandums< über die nukleare Zusammenarbeit.

Eine Hand wäscht die andere

Während sich die internationale Öffentlichkeit über die Gräuel echauffier-te, die die bulgarischen Geiseln im libyschen Gefängnis durchleben muss-ten, erinnerten nur wenige Stimmen daran, dass dieselben Grausamkeiten seit Jahren Tausenden von hauptsächlich aus Schwarzafrika stammenden Migrant_innen und Flüchtlingen zugefügt wurden, die täglich eingesperrt, misshandelt und gefoltert werden. Eine Situation, die immerhin von inter-nationalen Organisationen, NGOs und sogar der europäischen Kommis-sion in einem Bericht zu einer 2004 durchgeführten Mission genauestens dokumentiert ist. 2006 deckte Human Rights Watch die Systematik der Anwendung physischer Gewalt bei der Festnahme von Ausländer_innen in Libyen, die Überfüllung in den Gefängnissen und die schlechte Behandlung während der Haft, die erzwungen Rückführungen in Länder, in denen die Sicherheit der Ausgewiesenen nicht garantiert ist und das generell rassisti-sche Klima gegenüber Einwander_innen in Libyen auf. Mit dem Verweis, dass das Flüchtlingsrecht in Libyen nicht respektiert wird, schloss HRW: »Libyen ist kein sicheres Land für Migrant_innen, Asylbewerber_innen und Flüchtlinge« und kritisierte scharf die Europäische Union, die »an-statt diesen Menschen zu helfen, den Schutz zu erhalten, den sie benöti-gen, mit Tripolis zusammenarbeitet, um sie daran zu hindern, Europa zu erreichen«.[46] Dieses traurige Bild hat die EU tatsächlich nie in ihren Be-mühungen gebremst, die Libyer_innen von der Wichtigkeit zu überzeugen, ihre eigenen Grenzen zu überwachen, um die europäischen im Rahmen der Externalisierung der Grenzkontrollen zu sichern, die einen der Eckpfeiler ihrer Migrationspolitik darstellt. Doch über dieses Ziel hinaus wurden die Europäer_innen noch von anderen Motiven angetrieben: Libyen zu ihrem Alliierten im Kampf gegen irreguläre Einwanderung zu machen, bedeutet, ihr die dazu notwendigen Mittel zu geben – und zu verkaufen. Grenzkon-trollen sind, wie immer, auch eine Profitquelle. In diesem Land, in dem mit Ausnahme des Meeres keine natürliche Linie die Grenze zu den Nachbar-ländern kennzeichnet, ist noch alles oder fast alles zu tun. Die libyschen

---

46 Human Rights Watch: »Stemming the flow. Abuses against migrants, asylum see-kers and refugees«, Human Rights Watch, vol. 18, n° 5, September 2006.

Behörden werden nicht müde, sei es explizit in ihren Verhandlungen, sei es implizit, daran zu erinnern, dass sie den >Hahn der Migration aufdrehen< könnten: Die Methode besteht darin, auszumalen, dass sie die Überwachung ihrer Küsten aufweichen oder sogar eine aktive und lukrative Rolle bei der Überfahrt von Migrant_innen einnehmen könnten, um den Effekt einer Invasion künstlich herbeizuführen. Die Drohung zahlt sich aus und hilft Libyen, für die Sicherung seiner Grenzen bestimmte Finanzhilfen zu bekommen. Ein 2007 mit dem europäischen Kommissar für Außenbeziehungen und Nachbarschaftspolitik abgeschlossenes Memorandum sieht die Schaffung eines 300 Millionen Euro teuren Satellitenüberwachungssystems der libyschen Südgrenze vor. Davon profitieren alle: Was von der EU im Namen der Kooperation bezahlt wird, holen die Firmen der Mitgliedsstaaten wieder rein, die ihre Technologie nach Libyen verkaufen. So konnte man Zeuge eines erbitterten Konkurrenzkampfes zwischen dem französischen Unternehmen Thales und dem spanischen Unternehmen Indra um den Zuschlag für die Küstenüberwachung, einschließlich der Bereitstellung der kostspieligen Radargeräte, werden– den Letzteres für sich entschied.

Neues Regime, alte Mauschelei

Der Sturz Gaddafis 2011 hat weder etwas an der Instrumentalisierung der Migrationsfrage in den Beziehungen zwischen Europa und Libyen geändert noch am Schicksal der Migrant_innen im Land, insbesondere der afrikanischen. Diese waren mit Beginn der Aufstände in einer grausamen Sackgasse: Als Repressalie gegen die westlichen Bombardements zwangen die loyalen Kräfte einige von ihnen, ihn Boote zu steigen, die in Richtung der europäischen Küsten >geschoben< wurden, vor allem von Tripolis aus, ohne auf die Gefahren der Überfahrt zu achten. Sie sollten Panik am anderen Ufer des Mittelmeers auszulösen: Da Gaddafi sich seit langer Zeit eine Söldnerarmee mit Afrikanern aufgebaut hatte, wurden die, die in den von der Opposition eingenommenen Gebieten lebten, verdächtigt, zu dieser gefürchteten Miliz zu gehören, gejagt, verfolgt und Opfer von Übergriffen. Was die Europäer_innen anbelangt, die bei der prinzipiell zum Schutz der Zivilbevölkerung gedachten Militäroperation mitmachten, so unternahmen diese alsbald Anstrengungen, ein potenzielles Libyen nach Gaddafi so zu organisieren, dass sich nichts ändern würde. Einige Auszüge einer Erklärung des Europarats »zur Situation im Mittelmeerraum« vom April 2011 fasst ihr Herangehensweise zusammen:

»Die humanitäre Notlage in Libyen und an seinen Grenzen nimmt beängstigende Ausmaße an [...]. Die Europäische Union und die Mitgliedstaaten haben humanitäre Hilfe bereitgestellt und sind entschlossen, den Menschen in Libyen und den Menschen, die die libyschen Grenzen überschreiten, [...] weiter zu helfen. Die Europäische Union wird mit den betroffenen Ländern der Region über finanzielle und technische Unterstützung zur Verbesserung von Grenzschutz und Grenzkontrollen und über Maßnahmen zur Erleichterung der Rückkehr von Migranten in ihre Heimatländer beraten.«

Mit anderen Worten hatte für die Europäische Union angesichts der Massenflucht die Grenzüberwachung weiterhin oberste Priorität. Tatsächlich gewährte die EU, alle Mitgliedsstaaten zusammengenommen, nur einigen Hundert der Zehntausenden Vertriebenen auf der Flucht vor dem libyschen Konflikt Asyl.

In Anbetracht der geographischen und geschichtlichen Nähe der beiden Länder war es wenig überraschend Italien, das an vorderster Front dafür Sorge trug, die Kooperation der zukünftigen libyschen Staatsmacht in all jenen Bereichen zu sichern, in denen es bereits mit dem geschiedenen Regime verbunden war. Ab April 2011 bemühte sich der Repräsentant der libyschen Oppositionskräfte, die italienische Öffentlichkeit zu beruhigen. Auf der einen Seite versprach er, »alle mit ENI [der italienischen Ölfirma] und allen anderen italienischen Firmen geschlossenen Verträge« einzuhalten; auf der anderen Seite bestätigte er:

»Wir werden uns [an den Bemühungen] beteiligen, um die illegale Einwanderung zu stoppen indem wir sie [die irregulären Migrant_innen] davon abhalten, Libyen zu betreten, und indem wir kriminelle Vereinigungen bekämpfen, die ihnen dabei helfen.«

Auf keiner der beiden Mittelmeerseiten veränderte der politische Wechsel die Gegebenheiten: Mit Silvio Berlusconi hatte Muammar Gaddafi das bekannte Freundschaftsabkommen von 2008 geschlossen, das unter anderem gegen horrende Summen die direkte Mitarbeit Libyens am italienischen Grenzschutz zementierte. Nach dem Sturz Berlusconis im November 2011 unterzeichnete die neue libysche Führung mit der von Mario Monti geführten italienischen Regierung im April 2012 ein neues Migrationsabkommen, »eine Kopie des Vorgängers« laut den Medienberichten, in denen es aufgedeckt wurde. Die NGOs, die sich mit dieser Affäre befassten, hegten Zweifel an dessen Vereinbarkeit mit internationalem Recht, insbesondere dem Asylrecht. Sie prangerten die Risiken von Abschiebungen in ein Land an, in dem die politische Situation 2012 als weit entfernt von stabilisiert gelten musste, und deckten »ein komplexes System von Netzwerken [auf], in denen Schleuser, bewaffnete Milizen und skrupellose Unternehmer sich vermischen, die von der Schutzlosigkeit der Migrant_innen profitieren, indem sie große Summen Geld von ihnen erpressen und sie entlang der gesamten Migrationsrouten ausbeuten«[47]. Im Nachklang der Affäre herrschte der libysche Außenminister die europäische Union auf eine Art an, die an die Drohungen seiner Vorgänger erinnerte: »Wir befürchten, dass sich die Situation an der Front der illegalen Einwanderung verschlimmert. Wir wollen ein Warnsignal an Italien und an die EU abgeben, damit sie sich für dieses Phänomen rüsten«, erklärte er und fügte hinzu: »Afrikanische Einwanderer haben die Grenze zwischen Ägypten und Libyen erreicht – im Moment sind es nicht viele, aber es könnten mehr werden«[48]. Kontinuität im Wandel?

---

47 Fédération internationale des ligues des droits de l'homme – Migreurop – Justice sans frontières pour les migrants, »La traque des migrants se poursuit en Libye«, 20. Juni 2012.
48 Depesche der französischen Nachrichtenagentur AFP, 12. Mai 2012.

4
Zwei Institutionen als Sinnbilder für die Kommerzialisierung der Grenzkontrollen

Im Vorangegangenen wurde deutlich, dass die wirtschaftlichen, ideologischen und diplomatischen Erwägungen sich meist vermischen, um Migrationskontrollen zu Instrumenten eines komplexen Systems zu machen, hinter dem die angeblichen Ziele ihrer Schaffung in den Hintergrund rücken. Diese Komplexität möchte ich an zwei besonders sinnbildhaften Instrumenten illustrieren: der Schaffung der Grenzschutzagentur Frontex durch die europäische Union und der Verbreitung von Haftlagern für illegale Migrant_innen auf globaler Ebene. Erstere ist auf dem besten Weg, europäische Abschussbasen für die zivile Nutzung von Drohnen zu ermöglichen, eine für die Überwachung der Grenzen recycelte Kriegswaffe. Letztere nehmen einen zentralen Platz im Prozess der Auslagerung der Drecksarbeit ein, die bei der Politik der Ausgrenzung von Unerwünschten durch die reichen Staaten anfällt.

Frontex, eine multifunktionale Agentur

Sechsundzwanzig Helikopter, zweiundzwanzig Flugzeuge, einhundertdreizehn Boote, vierhundertsechsundsiebzig technische Geräte (mobile Radargeräte, Wärmebildkameras, CO_2-Sonden, Herzschlagdetektoren...). So lautete 2010 das von der europäischen Grenzagentur Frontex aufgestellte Inventar an Flotte und Material, das ihr zur Verfügung stand und dessen sie bedurfte, um ihre Mission erfüllen zu können: den Kampf gegen die irreguläre Einwanderung. Wie eine kleine Armee, deren Befehlsstelle in Warschau vom ehemaligen Referatsleiter für irreguläre Migration des französischen Innenministeriums, Fabrice Leggeri, geführt wird, marschiert Frontex seit ihrer Schöpfung im Jahre 2004 an den sensiblen Grenzen Europas auf. Bekannt ist sie vor allem für Überwachungsmissionen im Mittelmeer, die das Ziel haben, die Boote von Migrant_innen am Anlegen in Griechenland oder Italien zu hindern, und für die Organisation von »gemeinsamen Rückführungsoperationen« von Migrant_innen, mit anderen

Worten von Charterflügen für Abschiebungen. Doch sie hat durchaus noch andere Funktionen: Die Agentur siedelt sich in der Tat am Schnittpunkt unterschiedlicher Erfordernisse an, die den Operationen im Kampf gegen die irreguläre Einwanderung zugrunde liegen.

Die Agentur Frontex wurde gegründet, um den »integrierten Grenz-schutz an den Außengrenzen der EU-Mitgliedsstaaten« zu verbessern. Als das Ergebnis eines Kompromisses zwischen den Verfechter_innen einer gemeinsamen Grenzschutzpolitik – im Wesentlichen die am stärksten dem von Süden und Osten kommenden ›Zuwanderungsstrom‹ ausgesetzten Länder – und jenen, die sich sträuben, ihre Souveränität in diesem Bereich eingeschränkt zu sehen, hat Frontex im Prinzip nur eine ›ausführende‹ Rolle. Sie »koordiniert die operative Zusammenarbeit der Mitgliedstaaten im Bereich des Schutzes der Außengrenzen, unterstützt die Mitgliedstaa-ten bei der Ausbildung von nationalen Grenzschutzbeamten und legt u.a. gemeinsame Ausbildungsnormen fest, erstellt Risikoanalysen, verfolgt die Entwicklungen der für die Kontrolle und Überwachung der Außengrenzen relevanten Forschung, unterstützt die Mitgliedstaaten in Situationen, die eine verstärkte technische und operative Unterstützung an den Außen-grenzen erfordern, und leistet die erforderliche Unterstützung für die Organisation gemeinsamer Rückführungsaktionen der Mitgliedstaaten«, wie man auf der Seite der EU lesen kann. Nichts an dieser Definition ließe ahnen, dass die Agentur der »bewaffnete Arm« der europäischen Grenzkontrollen sein könnte, zumal gemäß des Wortlauts ihres Statuts die Mitgliedsstaaten für die Kontrolle und Überwachung ihrer Außengrenzen verantwortlich bleiben.

Ein zwar sichtbarer, aber ansonsten wirksamer »bewaffneter Arm«

Nichtsdestotrotz ist Frontex innerhalb weniger Jahre zu einem Sinnbild für die Migrationskontrollpolitik der europäischen Union geworden. Aus die-sem Grund ist sie Zielscheibe von NGOs, die ihre Methoden infrage stellen und über die bei ihren Missionen begangenen Verletzungen der Personen-rechte beunruhigt sind. Europäische Aktivist_innen fordern dem Beispiel der Gruppe Frontexplode folgend ihre Abschaffung, und Jean Ziegler[49] scheute sich nicht, Frontex als »quasi-klandestine militärische Organisa-

---

49 Soziologe, Politiker, von 2000 bis 2008 UN-Sonderberichterstatter für das Recht auf Nahrung, heute Mitglied des beratenden Ausschusses des UN-Menschenrechts-rats, Anm. d. Übers.

tion« zu bezeichnen. Die Agentur, die sich in ihrem Bericht von 2006 als »ein vertrauenswürdiger europäischer Koordinator und von Mitglieds- und Drittstaaten vollends respektierter und unterstützter Mitwirkender« definierte, setzte sich zwei Jahre später »das Ziel, zentraler Akteur eines effektiven Schutzes der EU-Außengrenzen zu werden«, um 2009 die Rolle des »Eckpfeilers des integrierten europäischen Grenzschutzkonzepts« für sich zu beanspruchen. Die Datenlawine, von denen ihre jährlichen Berichte überquellen, suggeriert, ob implizit oder explizit, die Unentbehr- lichkeit ihrer Interventionen: Detailliert aufgelistet werden hier vor allem die illegalen Grenzüberschritte, die Aufdeckung von Schleuseraktivitäten und Benutzung falscher Dokumente, die irregulären Aufenthalte und die Zutrittsverweigerungen oder gar Abschiebungen von Migrant_innen, die die Agentur im behandelten Zeitraum gezählt hat.

Die ersten Frontex-Interventionen wurden im Jahr 2006 vor den Küsten der Kanarischen Inseln durchgeführt, um den Landgang von Migrant_in- nen aus Afrika, die von den senegalesischen und mauretanischen Küsten aus gestartet waren, zu verhindern. Die Operation *Hera* wurde mit einem Heli- kopter, einem Flugzeug und vier Booten durchgeführt, von Spanien, Italien und Frankreich zur Verfügung gestellt, die entlang der Küsten patrouillier- ten, um abgehende Boote abzufangen. Ein Jahr später beglückwünschte sich der spanische Innenminister für einen Rückgang der Ankünfte von Booten auf den Kanaren um 70 %: ein wahrer Erfolg für Frontex, der auch in der Folge nicht geschmälert wurde, da die Quelle der »illegalen Einwanderer«, die durch das kanarische Archipel nach Europa gelangten 2010 quasi ver- siegt war. Auf die Operation *Hera* in Spanien folgten andere Operationen, um Schritt für Schritt die alternativen Passagen nach Südeuropa über das Mittelmeer dichtzumachen. 2008 teilte Frontex mit, dass die Operation *Minerva*, ins Leben gerufen, um den Südosten Spaniens und die Balearen abzusichern, die Grenzübertritte über Marokko und Algerien um 23 Pro- zent gesenkt hatte – ohne zu präzisieren, dass sich zur gleichen Zeit die Zahl der Migrant_innen, die das Mittelmeer von Libyen aus nach Malta und Süditalien überquerten, verdoppelt hatte. Ihren Hürdenbau nach Osten fortsetzend, stützte sich Frontex für die Operation *Nautilus* im Mittelmeer auf die seit Langem etablierte direkte Kooperation zwischen Italien und Li- byen im Bereich der Einwanderungskontrolle. Auch dort erwiesen sich die Mittel zunächst als effektiv: Während 2008 mehr als 35.000 Menschen die italienische Insel Lampedusa erreicht hatten, gab es Ende 2009 fast keine

Ankünfte mehr. Jedoch verlagerten sich die irregulären Grenzübertritte auf EU-Gebiet nunmehr, auf recht logische Weise, Richtung Griechenland, was Frontex dazu trieb, eine maritime Operation enormer Tragweite unter dem Namen *Poseidon* zu starten, um gegen klandestine Überquerungen der griechischen Grenze zu kämpfen. Auch hier konnte es den Anschein machen, die Anstrengungen zahlten sich aus, wo doch die Agentur im März 2010 einen Rückgang der in der Ägäis abgefangenen Migrant_innen um 60 Prozent im Vergleich zum Vorjahr bekannt gab. Doch tatsächlich handelte es sich hier nur um einen scheinbaren Erfolg, da die illegalen Grenzübertritte sich unmittelbar auf die Landgrenzen verlagerten, insbesondere auf jene, die die Türkei und Griechenland trennt.

Während die von Frontex durchgeführten Operationen insofern schnelle Effekte produzieren, als dass sie die von Migrant_innen genutzten Wegen versperren, ist ihre Effizienz auf lange Sicht nicht bewiesen. Statt einer Versiegelung der Migrationsrouten, kann man seit die Agentur anfing, in Südeuropa zu intervenieren, eher eine Verschiebung der Migrationsrouten beobachten. Die offiziellen Auswertungen bestätigen, dass die Sicherung der Grenzen wenig abschreckend wirkt: in ihrem jährlichen Bericht zu Asyl und Einwanderung für 2011, einem Jahr in dem beträchtliche Mittel von Frontex im Mittelmeer eingesetzt wurden, registrierte die Europäische Kommission einen Anstieg von beinah 35 Prozent des »Migrationsdrucks an den Außengrenzen der EU«. Bereits 2008 hatte selbige Kommission es als Erfolg präsentiert, dass dank Frontex im vorangegangenen Jahr 53.000 Personen festgenommen oder am Zutritt zur EU gehindert worden waren. Wenn man nun aber, wie es ein Forscher in einer für das Europäische Parlament durchgeführten Studie getan hat, dieses Ergebnis einerseits auf die Gesamtzahl der Grenzübertritte zu Mitgliedsstaaten mit dem Ziel der Einwanderung im selben Zeitraum (zwei Millionen laut Zahlen der OECD), andererseits auf die Anzahl an Personen, denen die Mitgliedsstaaten den Zutritt zu ihrem Staatsgebiet verweigert haben (800.000 laut den offiziellen Statistiken der EU) hochrechnet, und wenn man letztlich noch bedenkt, dass Frontex, um diese 53.000 Personen zu stoppen, 24.128.619 Euro an Einsatzkosten ausgegeben hat, kommt legitimerweise die Frage auf, ob das die Mühe wert war. Die Diskrepanz zwischen den Mitteln, die sie verbraucht, und ihrem geringen Einfluss wird von Frontex übrigens nicht geleugnet. Der Sprecher der Operation *Poseidon* zeigte sich erfreut, dass dreiundzwanzig Mitgliedsstaaten Personal, Polizeihunde und Material

(Fahrzeuge, Kameras, Wärmebildgeräte) zur Verfügung gestellt hatten und bestätigte im Mai 2012, dass die Grenze zwischen Griechenland und der Türkei unter Kontrolle sei, mit »einem Niveau von etwa 90 Prozent an aufgespürten Migranten«, räumte aber auch ein, dass die Versuche des Zutritts zur europäischen Union auf dem griechisch-türkischen Weg nicht nachgelassen hätten. Er stellte fest: »Die Frage ist, warum die Menschen so zahlreich kommen.« Eine durchaus treffende Frage, die die Europäische Kommission jedoch augenscheinlich nicht beschäftigt, die ihrerseits den im Jahre 2011 gefundenen politischen Konsens zur Ausweitung des Mandats von Frontex angesichts deren »beträchtlichen Erfolge« in höchsten Tönen lobte. Trotz der Vorbehalte zahlreicher EU-Abgeordneter – die sich in diesem Punkt mit den NGOs einig sind – im Hinblick auf die Kompatibilität der Funktionsweise der Agentur mit der Respektierung der Menschenrechte, wurde tatsächlich von den europäischen Instanzen entschieden, ihre Autonomie zu verstärken, ihr zu erlauben, ihre eigene Ausrüstung zu beschaffen und ihre Ressourcen zu erhöhen.

Man muss davon ausgehen, dass Frontex, unabhängig von der wirklichen oder angeblichen Effizienz ihrer Interventionen, durchaus nützlich ist. Der immer zentralere Platz, den sie auf dem Schlachtfeld in diesem ›Krieg‹ Europas gegen die Migrant_innen einnimmt, um den Ausspruch einiger NGOs zu übernehmen, beschränkt sich nicht auf die Sichtbarkeit ihrer Boote im Mittelmeer oder der Armbinden mit den Sternen (wie auf der Fahne der Europäischen Union) auf den Ärmeln der Grenzschützer, die sie einsetzt. Es sind insbesondere die weniger bekannten Kooperationen, die sie unter dem Deckmantel der technischen Zusammenarbeit mit den Polizeibehörden der Auswanderungsländer aufbaut, um als Vermittlerin für die Europäische Union deren Strategie der Auslagerung der Grenzkontrollen in die Auswanderungsländer umzusetzen. Und schlussendlich ist es auch an Frontex, die zentrale Rolle im Absatz von Sicherheitsequipment zu spielen, um den sich mehrere Unternehmen im Bereich der Grenzüberwachung streiten.

Eine wenig rücksichtsvolle Diplomatie

Zu den Missionen von Frontex gehört die Zusammenarbeit mit Nicht-EU-Ländern. Diese von den Medien wenig bekannt gemachten Aktivitäten spielen eine nicht unerhebliche Rolle bei der Externalisierung der Migrationspolitik der Europäischen Union, die darin besteht, die

Einwanderungskontrollen der EU ins Ausland zu verlagern oder an Subunternehmen zu vergeben, damit diese so weit wie möglich weg von den physischen Außengrenzen der Mitgliedstaaten durchgeführt werden und sich somit der Aufmerksamkeit der Öffentlichkeit und parlamentarischer und juristischer Instanzen entziehen. So hat Frontex Abkommen mit den Ländern des Balkans, Weißrussland, Moldawien, der Ukraine, Russland, Georgien und, außerhalb Europas, den Vereinigten Staaten, Kanada, den Kapverdischen Inseln und Nigeria geschlossen. Mehrere andere sind derzeit in Verhandlung, insbesondere mit Mauretanien, Libyen, Ägypten und dem Senegal. Die Aufzählung spricht für sich: Lässt man die Vereinigten Staaten und Kanada außen vor, bilden diese Länder exakt den Sperrgürtel, den die EU in konzentrischen Kreisen um sich anzulegen versucht, um ihre Grenzen zu beschützen.

Zu welchem Preis? Es gibt wenig Informationen über die Bedingungen, unter denen diese Zusammenarbeit verläuft. Prinzipiell ist der rechtliche Rahmen für Vertragsabschlüsse zwischen der europäischen Union und Drittstaaten sehr eng festgelegt und verlangt einen Prozess, in den die Europäische Kommission, der europäische Rat (also die Mitgliedsstaaten) und das Parlament ebenso wie gegebenenfalls der Gerichtshof eingebunden sind. Diese Regelungen gelten jedoch nicht für Verträge, die Frontex abschließt. Wenn man dem Direktor der Agentur Glauben schenkt, der im Rahmen einer parlamentarischen Untersuchung der britischen Chamber of Lords befragt wurde, liegt das daran, dass Frontex keine Partnerschaft mit einem Drittstaat oder dessen Regierung eingeht, sondern nur mit den für den Grenzschutz zuständigen Behörden des entsprechenden Landes. Es handele sich also ihm zufolge um einfache »Arbeitsabkommen« zwischen der Agentur und den ausländischen Verwaltungs- oder Polizeibehörden. Dieses Scheinargument lässt zahlreiche Fragen unbeantwortet, insbesondere die nach der Verantwortlichkeit. Vor allem jedoch erlaubt es einer europäischen Agentur, sei es auf direktem Wege oder im Auftrag der EU, in Aktivitäten aus dem polizeilichen Aufgabenbereich außerhalb des Territoriums der EU einzugreifen, mit allen Gefahren, die eine derartige Auslagerung mit sich bringt. Das bereitete auch dem Europäischen Parlament Sorgen, das 2008 für »eine stärkere demokratische Kontrolle der FRONTEX durch das Parlament« plädierte und »der FRONTEX [empfahl], das Parlament über die Verhandlungen über den Abschluss von Abkommen mit Drittstaaten zu unterrichten«.

Denn indem man die Einwanderungskontrollen an Staatsbeamte delegiert, die im Hinblick auf die Wahrung der Grundrechte nicht denselben Verpflichtungen unterliegen wie die Europäischen Länder, setzt Frontex Migrant_innen dem Risiko von Menschenrechtsverletzungen aus: Man denke insbesondere an die Praktiken der Massenfestnahmen, Deportationen, Abschiebungen und Inhaftierungen. Die Erfahrung zeigt, dass diese Ängste längst nicht nur theoretisch sind: Nach einer Untersuchung zur Behandlung von Migrant_innen in der Ukraine – einem der Länder, mit denen die Frontex Verträge hat – berichtete die Organisation Human Rights Watch: »Migranten und Asylsuchenden, einschließlich Kindern, drohen Misshandlung und willkürliche Verhaftung durch ukrainische Grenzbeamte und die Polizei« und folgerte: »Die Mitgliedsstaaten der EU schieben Menschen in die Ukraine ab, die dort Misshandlung erwartet.« Das Beispiel Weißrusslands, eines weiteren Partners von Frontex, ist erhellend: Wenngleich das Land potenziell in den Bereich der 2004 eingeführten Nachbarschaftspolitik der Europäischen Union fiele (einer politischen und wirtschaftlichen Partnerschaft, die privilegierte Beziehungen mit den nächsten ›Nachbarn‹ aufbauen soll), wurde erklärt, dass Weißrussland solange ausgeschlossen bliebe, bis es »konkrete und überzeugende Schritte in Richtung Demokratisierung, Achtung der Menschenrechte und Rechtsstaatlichkeit« unternehme. Das hindert Frontex jedoch nicht daran, Hand in Hand mit den weißrussischen Behörden zu arbeiten. Die Erfordernisse ihrer Mission werden gegenüber der Wahrung der Rechte der Migrant_innen als höherwertig eingestuft. Mit einem Statut, das ihr erlaubt, sich von den außenpolitischen Regeln der EU freizumachen, ist der Agentur darüber hinaus die Möglichkeit einer Geheimdiplomatie gegeben, von der sich schwer feststellen lässt, ob sie sich auf das Feld der Grenzkontrollen beschränkt.

Ein praktischer Übertragungskanal

Seit 2011 ist es Frontex möglich, ihre eigene Ausrüstung (Fahrzeuge, Boote, Helikopter etc.) zu erwerben oder zu leasen oder sie als Gemeinschaftseigentum mit einem Mitgliedstaat zu kaufen. Bis dahin musste sie mit dem arbeiten, was ihr auf freiwilliger Basis von den EU-Mitgliedsstaaten zur Verfügung gestellt wurde. Um dieser strengen Abhängigkeit zu entkommen, die ihre Reaktionsbereitschaft einschränken könnte, weitete man ihre Befugnisse und das dazugehörige Budget aus. So lautete zumindest

die offizielle Erklärung. Doch das Zugeständnis dieser neuen Kompetenzen geht vermutlich noch auf andere Erwägungen zurück. Es stärkt die
Position von Frontex im Herzen eines Systems, das die Industriellen des
Sicherheitssektors mit der europäischen Verwaltung verbindet. Seit ihrer
Schaffung ist die Agentur an mehreren Gremien zur Grenzsicherung und
darüber hinaus zu Vorsorge gegen die »Bedrohungen«, denen die EU
ausgesetzt ist, beteiligt. Sie war insbesondere einer der Hauptprotagonisten
des ESRIF (European Security Research and Innovation Forum), in dem
sich zwischen 2007 und 2009 die Akteure des Angebots und der Nachfrage
im Sektor der Sicherheitstechnologie tummelten. Frontex unterhielt dort
eine Arbeitsgruppe, die zwanzig staatliche Agenturen und vierundzwanzig
Repräsentanten großer Unternehmen zusammenbrachte, die den Markt in
diesem Wirtschaftszweig unter sich aufteilen.

Auch auf Messen und Salons, wo Fachleute der Waffenindustrie, der
Luftfahrt und der Spitzentechnologie ihr Material ausstellen, trifft man
auf Frontex, deren Direktor regelmäßig an Kolloquien und Seminaren teil-
nimmt, die Militärs und Polizist_innen, Industrielle und Vertreter_innen
von betroffenen Ministerien und europäischen Institutionen zusammenbringen. So beispielsweise die Treffen, die SDA (Security and Defence
Agenda) organisiert, ein Brüsseler Thinktank, der sich aus Vertreter_innen
von NATO und EU, nationalen Regierungen und Parlamenten sowie der
Industrie (alle Mitglieder sind gleichzeitig Finanziers der Organisation),
den Universitäten und den Medien zusammensetzt. In diesen Kreisen, in
denen die Verbindungen zwischen Geldgeber_innen und Unternehmen
gesponnen werden, nimmt Frontex einen strategischen Platz ein: von Erste-
ren finanziert, wird sie von Letzteren, die ein erhebliches Interesse an ihrer
Weiterentwicklung und Autonomisierung haben, umworben. Die Agentur
wird deren Erwartungen gerecht. Ihr Budget ist exponentiell gestiegen, von
sechs Millionen Euro im Jahr 2005 auf 86 Millionen Euro sechs Jahre später.
Dabei handelt es sich jedoch nach wie vor lediglich um die Grundlage: Im
September 2011 beschloss das Europäische Parlament einen Zuschuss von
43,9 Millionen Euro zum Budget für das laufende Jahr »aufgrund eines
deutlichen Anstiegs der operationellen Tätigkeiten der Agentur«. Und
noch besser: Im Rahmen des 2004 zur Vorbeugung der Risiken im Zusammenhang mit Terrorismus, Kriminalität im Allgemeinen und Naturkatastrophen gestarteten »Europäischen Programms für den Schutz kritischer
Infrastrukturen« wurde Frontex für den Zeitraum 2007 bis 2013 mit einem

Budget von 285 Millionen Euro für ein Unterprogramm ausgestattet, das die »Solidarität und Steuerung der Migrationsströme« zum Ziel hatte.

Die Schaffung von *Eurosur*, einem europäischen System der Grenzüberwachung, das die Kontrollen an den Außengrenzen des Schengenraums durch Zusammenschaltung der Überwachungsinstrumente der EU-Mitgliedsstaaten verstärken soll, dürfte die Position von Frontex noch ein wenig komfortabler gestalten. Eurosur, seit 2008 im Entstehen und 2013 offiziell gestartet, schafft einen Mechanismus, der es den Staaten erlaubt, operationelle Informationen auszutauschen, um ihre Reaktionskapazitäten im Fall von Bedrohungen an ihren Grenzen zu verbessern. Frontex wurde mit der Verwaltung des speziell zu diesem Zweck eingerichteten zentralen Kommunikationsnetzwerks betraut. In direkter Zusammenarbeit mit dem Satellitenzentrum der Europäischen Union, der Europäischen Agentur für die Sicherheit des Seeverkehrs und Europol ist Frontex dafür zuständig, unter Rückgriff auf die Programme der Europäischen Weltraumorganisation, Unterstützung für die gemeinsame Anwendung der Überwachungsmechanismen zu leisten. Eigentlich ist vorgesehen, dass sie dafür ihr eigenes Budget verwendet. Doch sie kann, so notwendig, auf zusätzliche Hilfe aus dem inneren Sicherheitsfonds zurückgreifen. Auch vom 7. Forschungsrahmenprogramm (FP7) der Europäischen Kommission für den Zeitraum 2007 bis 2013 bereitgestellte Fonds werden mobilisiert, um die Maßnahmen zu unterstützen.[50] Dieses Programm stellte das zentrale Finanzierungsinstrument für transnationale Forschung auf europäischer Ebene dar. In dessen Rahmen wurden auf Grundlage von Ausschreibungen Subventionen geleistet, um Forschungs-, Technologieentwicklungs- und Pilotprojekte mitzufinanzieren. Für das Themengebiet »Zusammenarbeit«, dessen Ziel unter anderem die Unterstützung von »öffentlich-private[n] Partnerschaften zur Unterstützung transnationaler Forschungszusammenarbeit in ausgewählten Technologiefeldern« war, waren zwei Drittel des gesamten Budgets vorgesehen (das sich auf 50 Milliarden Euro beläuft), ein Teil davon widmete sich der Sicherheitsforschung. Über die Grenzsicherung hinaus umfasste dieser auch den Schutz von Kommunikationswegen, die Vorbeugung von Krisen und Naturkatastrophen, die Sicherung

---

50 Das 7. EU-Forschungsrahmenprogramm ist am 31.12.2013 ausgelaufen und wurde durch das neue EU-Rahmenprogramm für Forschung und Innovation, Horizont 2020, ersetzt. Die nachfolgenden Erläuterungen bleiben in ähnlicher Form für das Nachfolgeprogramm gültig, Anm. d. Übers.

internationaler Großereignisse, Terrorismusprävention, die Überwachung des Internets, Entwicklung von Nanotechnologie und Biometrie etc. So viele Ziele, für die es einer Spitzentechnologie bedarf, größtenteils jene der Waffenindustrie. Diese profitierte durch das Programm FP7 von den Geldgeschenken Europas in Form umfassender Investitionen, die den strengen Rahmen der offiziell finanzierten Projekte vermutlich weit übersteigen. In einem Kontext des Wettbewerbs, der sich gleichermaßen aus den Summen erklärt, die auf dem Spiel stehen, wie aus der Enge des Marktes, ist die Anwesenheit von vertrauten Verhandlungspartner_innen »vor Ort« ein unerlässlicher Vorteil. Frontex ist insofern doppelt nützlich. Zum einen als Käuferin, da sie ein eigenes Budget besitzt. Indem sie zum Beispiel Ende 2011 Demonstrationsflüge von Drohnen organisierte, mit denen sie sich auszustatten gedenkt, um besser gegen die irreguläre Einwanderung kämpfen zu können, gab die Agentur dem europäischen Markt der unbemannten Luftfahrt eine vielversprechende Konjunkturspritze. Zum anderen ist Frontex aber darüber hinaus auch ein unersetzlicher Übertragungskanal, da sie Industrielle auf der Suche nach Finanzierung von Forschung und Entwicklung von Überwachungsmaterial mit den institutionellen Entscheidungsträger_innen in Verbindung bringt.

In den wenigen Jahren ihres Bestehens hat Frontex, symbolträchtige, aber auch »effiziente« Figur der Entschlossenheit Europas gegenüber Migrant_innen, ihre Rolle als heimliche diplomatische Vertreterin für die Mitgliedsstaaten der EU sowie als unumgängliche Kupplerin für die Vergabe von extrem rentablen Aufträgen durchzusetzen gewusst. Was macht es folglich schon, ob ihre Mission des Grenzschutzes, deren menschliche und finanzielle Kosten mit jedem Tag steigen, von nur sehr relativer Wirksamkeit ist, wenn sie diese andere Ziele so effektiv erfüllt.

Drohnen: Einwanderungskontrollen im Dienst der Kriegsindustrie

Die Expansion von Frontex ist ein Sprungbrett für den Ausbau des zivilen Marktes für Drohnen. Mit der Aussicht, diese Art von Luftüberwachungsinstrument in ihre Flotte aufzunehmen, organisierte Frontex im Herbst 2011 Flugdemonstrationen, um dem amerikanischen Unternehmen Lockheed Martin, dem spanischen Unternehmen Aerovision (das zum französischen Konzern Thales gehört) und dem israelischen Unternehmen IAI (Israel Aerospace Industry) die Gelegenheit zu bieten, *in situ* für die Effizienz ihrer jeweiligen Systeme zu werben. Es gibt mehrere Kategorien von Drohnen, die sich durch Größe und Gewicht (die kleinste, ein israelisches Modell, hat die Form eines Schmetterlings, wiegt weniger als zwanzig Gramm und ist mit einer Kamera und einer Speicherkarte ausgestattet), Reichweite und Wetterbeständigkeit unterscheiden. Zur Kategorie der mittelgroßen Drohnen, die zwischen acht und achtzehn Stunden in ungefähr 10.000 Metern Höhe fliegen können, gehört die israelische Héron und die französisch-spanische Fulmar, die in Wettstreit miteinander traten, um Frontex von ihrer Qualität zu überzeugen. Erstere kann sich damit brüsten, bereits von achtzehn Kunden weltweit genutzt zu werden, darunter die brasilianische Polizei, der australische Zoll und die spanische Guardia Civil. Letztere zählt zu ihren Einsatzgebieten die Überwachung der Straße von Malakka, einem strategischen Knotenpunkt zwischen Indonesien und Malaysia, einer der meistbefahrenen Seewege der Welt und folglich einer der am meisten von Piraterie betroffenen.

Die militärische Dimension bleibt sicherlich der Hauptpfeiler für die Hersteller dieser unbemannten, ferngesteuerten oder programmierten kleinen Flugobjekte: Die Vereinigten Staaten benutzten Drohnen im Irak, in Pakistan und in Afghanistan, Indien bedient sich ihrer, um die Bewegungen der chinesischen Armee zu überwachen, der Iran hat all seine Grenzregionen damit ausgestattet, die Türkei hat sie an der Grenze zum Irak eingesetzt, um Angriffe der PKK zu vereiteln, die dort ihre Verteidigungsbasen haben soll, Israel greift an der libanesischen Front sowie in Gaza auf sie zurück... 2008 wies eine Zählung mehr als Hundert Unternehmen aus, die Drohnen fabrizieren, fast die Hälfte davon in den USA. Um die vierzig Länder sind mit Drohnen ausgestattet, und laut den Spezialist_innen des Sektors soll sich der Markt für Drohnen, 2014 etwa 5,2 Milliarden Dollar schwer, bis 2020 verzehnfachen. Die Überwachung der Bewegung von Migrant_innen dürfte bei dieser spektakulären Entwicklung eine wichtige Rolle spielen.

Die Nutzung von Drohnen zu nicht-militärischen Zwecken hat ihren Ursprung Mitte der 90er Jahre: Zunächst dienten sie der Überwachung von Bränden, und der Suche nach Überlebenden nach Naturkatastrophen, wurden für kartographische Aufnahmen und zur Düngung in landwirtschaftlichen Gebieten verwendet und gegen das illegale Abpumpen von Maschinenöl auf hoher See eingesetzt. Zur selben Zeit erlebten die Drohnen ihren Durchbruch in der Grenzüberwachung. Ab 1998 griff Österreich auf sie zurück, um seine Grenze zur Slowakei zu überfliegen, bevor diese in die EU aufgenommen wurde. Später stattete sich die Schweiz mit Drohnen aus, um gegen das organisierte Verbrechen zu kämpfen, das sich angeblich von Frankreich aus einschlich. Seit 2009 hat Algerien Aufklärungsdrohnen von deutschen, chinesischen und südafrikanischen Unternehmen erworben, um an seiner Südgrenze gegen die terroristische Bedrohung sowie den Drogen- und Waffenschmuggel zu kämpfen.

Doch der Kampf gegen die irreguläre Einwanderung hat den Sektor zweifelsohne boomen lassen. Es ist wenig überraschend, dass die Drohnen erstmals an der Grenze zwischen den Vereinigten Staaten und Mexiko in dieser neuen Verwendung in Erscheinung traten. 2005 weihte der *Customs and Border Protection Service* dort die erste Drohne ein, das Modell Predator B der Firma General Atomics. Ein Jahr später waren vier weitere mit Radargeräten und Infrarotkameras ausgestattete Drohnen zwischen North Dakota und Arizona im Einsatz. 2010 bat Präsident Obama den amerikanischen Kongress um die Bereitstellung von 500 Millionen Dollar für den Kauf neuer Drohnen sowie die Rekrutierung von Grenzschützer_innen: nunmehr steht die mexikanische Grenze auf ihrer gesamten Länge unter ferngesteuerter Überwachung aus der Luft. Ohne dass jedoch, wie wir gesehen haben, die Resultate in irgendeinem Verhältnis zu den Investitionen stünden.

Zur Zeit sind die amerikanischen Firmen Marktführer auf dem Drohnensektor, direkt gefolgt von Israel mit um die fünfzehn sehr leistungsstarken Modellen, die größtenteils aus den Häusern Elbit Systems und IAI stammen. Das israelische Know-how verhalf ihnen zu zahlreichen Kund_innen überall auf der Welt. Die für 2015 vorgesehene Erneuerung der Drohnenflotte der Schweizer Armee, die auch vom Grenzschutz und der Polizei genutzt wird, dürfte dem ein oder anderen dieser Unternehmen zugute kommen.

Die Drohnenindustrie steht sinnbildlich für einen Prozess des Transfers von militärischer Technologie hin zur zivilen Nutzung, der es Waffenhersteller_innen erlaubt, von der Finanzierung von Forschung in diesem Bereich zu profitieren und so ihre Kapazitäten weiterzuentwickeln. Im 7. Forschungsrahmenprogramm der Europäischen Union (FP7) sollten Projekte im Themenbereich Sicherheit, mit einem Budget von 2,83 Milliarden Euro dotiert, eigentlich keine militärischen Ziele verfolgen. Es ist im Prinzip Projekten vorbehalten, die – den Verantwortlichen der Europäischen Union zufolge – als »zivil« und »nicht letal« eingestuft werden können. Doch die Komplexität von Einrichtungen, die private und öffentliche Forschungsinstitute mit führenden Industriellen des Sektors zusammenbringen, ebenso wie die Nähe des potenziellen Absatzmarktes. Der an der mexikanischen Grenze zur Überwachung von Migrant_innen eingesetzte amerikanische Predator B hat beispielsweise eine makabre Erfolgsgeschichte: er wurde in Pakistan eingesetzt und tötete zwischen 2006 und 2009 tausend Mitglieder oder vermeintliche Mitglieder der Taliban – befördern die Durchlässigkeit von zivilem und militärischem Einsatz von Gerät. Eine Win-win-Situation für die Waffenhändler_innen: als neuer Wirtschaftszweig in der Sicherheitstechnologie unterstützt der Kampf gegen klandestine Einwanderung auch die Fortentwicklung der Kriegsindustrie.

Das Geschäft mit den Lagern

Elftausend Plätze. Das ist die geplante Kapazität des Gefängnisses für Migrant_innen und Asylbewerber_innen, das die israelische Regierung 2012 in der Wüste Negev nahe der ägyptischen Grenze zu bauen anfing – dieselbe Regierung, die auch den Bau der Antimigrationsmauer ankündigte. Elftausend Plätze: in diesem Stadium der Maßlosigkeit fällt es schwer, nicht das Bild von einem Lager im Kopf zu haben, auch wenn der Begriff jene brüskiert, die gerne nur eine praktische Methode in dem sehen würden, was im angelsächsischen Raum als »holding facilities« bezeichnet wird. Mit dem Komplex Ktzi'ot dürfte Israel den Rekord für das größte Ausländercamp der Welt halten. Zum Vergleich: die größten Einrichtungen Europas im Süden Italiens und zeitweise auf den Kanarischen Inseln können zwischen 1.500 und 2.000 Personen beherbergen – eine Zahl, die bereits als schwer zu bewältigen eingestuft wurde.

Lange einsperren, viele einsperren: ein genereller Trend

Weniger als einen Monat vor den für Mai 2012 geplanten Wahlen kündigte die griechische Regierung – zu einer Zeit der nie dagewesenen wirtschaftlichen, sozialen und politischen Krise – die Schaffung von dreißig »geschlossenen Aufnahmezentren« für irreguläre Migrant_innen an. Mit einer Kapazität von jeweils rund eintausend Plätzen würde die Summe der potenziell Inhaftierten die Gesamtzahl der Gefängnisinsassen in Griechenland bei Weitem übersteigen, die unter 13.000 liegt.

In den 300 bis 400 Asylverfahrenslagern in der Europäischen Union schwankt die legale Aufenthaltsdauer von inhaftierten Migrant_innen je nach Land. Eine EU-Richtlinie von 2008 (die »Rückführungsrichtlinie«) macht eine Haft von bis zu achtzehn Monaten möglich. Einige Mitgliedstaaten haben diese Möglichkeit in ihre Gesetzgebung aufgenommen. Anderswo in der Welt kann die Asylhaft mehrere Jahren dauern. Im Allgemeinen sind von diesem Freiheitsentzug ohne Richterspruch und Urteil die *Sans Papiers* betroffen – Migrant_innen, die sich, unabhängig ihres Alters, irregulär in einem Land aufgehalten oder irregulär Zugang zu einem Land verschafft haben – auf dem Weg zur Abschiebung oder Rückführung.

Anlässlich der Überarbeitung einer anderen Richtlinie, diesmal zur Aufnahme von Asylbewerber_innen, plante die EU 2011 die Ausweitung des Prinzips der Inhaftierung auf diese spezielle Kategorie von Migrant_innen für den Zeitraum der Bearbeitung ihres Antrags. Das internationale Recht, das potenzielle Flüchtlinge als verletzliche Gruppe einstuft, rät aber, in ihrem Fall Inhaftierungen zu vermeiden. Einige Länder ignorieren diesen Rat: Australien hat lange Zeit alle Asylbewerber_innen, die an seinen Grenzen auftauchten, systematisch in *ad-hoc*-Lager gesteckt. In Europa kommt diese Praxis auf Malta zum Einsatz. Doch sie könnte sich durchsetzen.

Extensive, wenn nicht gar unbegrenzte Haftdauern; der Bau von gigantischen Lagern; die Vervielfachung der Zahl der Asylgefängnisse; Freiheitsentzug für Asylbewerber_innen: Das sind die markanten Trends in der Behandlung von Ausländer_innen durch die Migrationspolitiken des frühen 21. Jahrhunderts. Schon 2003 bestätigte der britische Innenminister, dass Haftzentren eine wichtige Rolle in der Einwanderungskontrolle spielen. Tatsächlich ist die Verwaltungshaft von Migrant_innen ein zentrales Glied in der Kette von Kontrollen, die Regierungen an ihren Grenzen eingerichtet haben. In der Mehrheit der Fälle befinden sich die Zentren in Grenznähe, oft im unmittelbaren Umfeld von Flughäfen. Denn sie nehmen in dieser Kette den Platz vor oder direkt nach dem Grenzübertritt ein: den Platz davor im Fall von Personen, die kurz vor der Abschiebung stehen; den Platz danach bei Personen, denen der Zugang zum Staatsgebiet *a priori* verweigert wird.

Es gibt keine globale oder lokale Studie, die eine Evaluation der Effizienz von Inhaftierungsmaßnahmen im Hinblick auf die Ziele vornimmt, zu denen sie eigentlich durchgeführt werden. Das Prinzip der Inhaftierung an sich wurde indes nie von den Regierungen der Länder, in denen sie zum

Einsatz kommt, infrage gestellt, egal ob es sich um linke oder um rechte Regierungen handelte. Man hat sich also daran gewöhnt, dass es sich um einen unumgänglichen Bestandteil der Migrationspolitik handelt. Der Verein *Cimade*, der seit mehreren Jahrzehnten Menschen Hilfe leistet, die in dem, was man in Frankreich »administrative Verwahrungszentren« nennt, festgehalten werden, hat jedoch Statistiken veröffentlicht, die den Keim des Zweifels säen müssten. Sie zeigen, dass die Behörden im Durchschnitt weniger als zwölf Tage brauchen, um nach der Ankunft von Migrant_innen in der Anstalt deren Abschiebung zu organisieren. Wenn sie es in diesem Zeitraum nicht geschafft haben (mangels nötiger Dokumente), sind die Chancen im Folgenden sehr gering, dass es noch gelingt. Eine Verwahrung von mehr als zwölf Tagen wird also in den meisten Fällen unnütz sein, zumindest wenn sie die Ausweisung von Migrant_innen zum Ziel hat.

Diese Analyse teilt Mathieu Bietlot im Hinblick auf belgische Inhaftierungsmaßnahmen, die er als »wirkungslosen Verschluss« einstuft.[51] Der Forscher zeigt, dass mehr als die Hälfte der in belgischen Haftanstalten festgehaltenen Migrant_innen es vergeblich (da man sie nicht abschieben kann) oder zu Unrecht (da die Verwahrung als illegal einzustufen ist) sind. In beiden Fällen, führt er aus, werden sie letztendlich freigelassen – ohne dass man ihnen jedoch eine Aufenthaltserlaubnis erteilt. Der Freiheitsentzug, dem sie zum Opfer fallen, garantiert somit keinerlei Wirksamkeit der Abschiebung. Wenn das überhaupt das Ziel ist. Einige Indizien geben allen Grund zum Zweifel.

Migrationshaft, ein lohnendes Geschäft

Anhand der britischen und amerikanischen Beispiele kann man feststellen, dass das Geschäft mit der Inhaftierung von Migrant_innen floriert. Selbst in Systemen, in denen die Anstalten nicht – wie in den angelsächsischen Ländern der Fall – komplett privatisiert sind, ist die wirtschaftliche Dimension alles andere als belanglos. In Italien deutet der Wettbewerb unter den Unternehmen, die um den Zuschlag für die Verwaltung von Abschiebegefängnissen konkurrieren (in denen Migrant_innen bis zu achtzehn Monate auf ihre Abschiebung warten) darauf hin, dass es sich um ein rentables Geschäft handelt. 2003 deckte der Bericht des italienischen Rechnungshofs große Unterschiede zwischen den dem italienischen Staat in Rechnung gestellten

---

51 Bietlot, Mathieu: »Le camp, révélateur d'un elogique inquiétante de l'étranger«, Cultures et Conflits, n°57, 2005.

Tagespreisen von einer Haftanstalt zur anderen auf: Der Tagespreis konnte sich in einzelnen Fällen auf bis zu einhundert Euro pro Kopf belaufen (zum Vergleich: der tägliche Unterhalt für Asylbewerber_innen, ihre einzige finanzielle Unterstützung für Unterkunft, Verpflegung und alles Weitere, betrug zur selben Zeit siebzehn Euro). Die Ergebnisse einer Ausschreibung der italienischen Regierung für die Verwaltung zweier Zentren im Jahr 2011 sind auf mehrere Weise erhellend: der Kandidat der das Rennen machte – das französische Unternehmen Gepsa – hat sich zu einem Tagespreis von 34 Euro pro Insasse pro Tag verpflichtet, was insgesamt 14,6 Millionen Euro für drei Jahre ergibt, während die Mitbewerber zwischen 16,9 Millionen und 18 Millionen veranschlagt hatten. Dieses Kriterium brachte ihm den Zuschlag ein; in der technischen Bewertungen seines Projekts hatte das Unternehmen nur auf dem dritten Platz gelegen, was viel über das Interesse der Behörden am Wohlbefinden der Insassen der Zentren aussagt. Erwähnenswert ist auch, dass es das erste Mal war, dass sich Gepsa außerhalb des nationalen Territoriums bewarb, in Frankreich ist es hingegen bereits einer der größten privaten Partner in der Strafvollzugsverwaltung und betreibt außerdem auf Rechnung des Innenministers vier Verwaltungshaftanstalten.

Die Verwaltung des Aufenthalts der inhaftierten Migrant_innen ist nicht die einzige Quelle des Profits, die die Politik des Wegsperrens erzeugt. Ebenfalls in Italien kursierten lange Zeit Gerüchte, dass man leicht aus bestimmten Haftanstalten > ausbrechen < könne, wie jener in Crotone, Kalabrien, und zwar mit einer Regelmäßigkeit und in Ausmaßen, dass man meinen könnte, die Wachen übten sich recht zweckmäßig und je nach ihren eigenen Bedürfnissen in Nachlässigkeit. Während solche Gerüchte schwer zu verifizieren sind, scheint es unbestreitbar, dass die Einrichtung dieses sehr großen Gefängnisses für die benachteiligte Region wie ein Geschenk des Himmels war, dessen Rücknahme nicht ohne Folgen bliebe: direkt gegenüber dem Flughafen gelegen, erlaubte das Asylverfahrenslager diesem mit der regelmäßigen Organisation von Abschiebeflügen, insbesondere nach Ägypten, eine längst verlorene Dynamik wiederzufinden. Und es bedarf mehrerer Hundert Arbeitskräfte, um alle Dienstleistungen zu erbringen, die es braucht, um den täglichen Unterhalt von eintausend Menschen zu sichern.

Die Schaffung von Arbeitsplätzen war eines der Hauptargumente der griechischen Regierung gegenüber regionalen Abgeordneten, die von der Aussicht auf die Eröffnung eines Asylverfahrenslagers in ihrem Wahlbereich nicht gerade begeistert waren. Bei der Ankündigung im März 2012, dass es bald dreißig davon in Griechenland geben würde, fügte der Bürgerschutzminister hinzu, dass jedes einzelne von ihnen die Beschäftigung von 1.000 Personen mit sich bringen würde (eine pro Insasse!): Ob es gehalten wird oder nicht, ein derartiges Versprechen stößt in einer Gesellschaft mit einer Arbeitslosenquote von 21 Prozent (und 51 Prozent Jugendarbeitslosigkeit) nicht auf taube Ohren. Nichtsdestotrotz löst die seltsame Gleichung, die dem Unterfangen zugrunde liegt, Verwunderung aus. Denn selbst in dem hypothetischen Fall, dass die in Aussicht gestellten Stellen geschaffen werden, ändert das nichts daran, dass die Investitionen die sie voraussetzen, ein ziemliches Loch in die Staatskasse reißen dürften und somit zu Lasten der griechischen Steuerzahler_innen fallen, die aus den Jahren des wirtschaftlichen Chaos ohnehin schon geschröpft herauskommen. Paradox? Nicht unbedingt. Denn über die eventuellen wirtschaftlichen Gewinne hinaus, die sie auf kurze Sicht mit sich bringen kann, ist die Politik der Inhaftierung von Migrant_innen auch ein vielschichtiges Kommunikationsinstrument.

Lager zur Beruhigung

Asylverfahrenslager sind eine klare Botschaft an die Öffentlichkeit der ›Aufnahmeländer‹, die man mit einer Ideologie der Angst gefüttert hat und nun damit beruhigt, dass man durch das Einsperren jener, die man ihr als Feinde verkauft hat, die Dinge in die Hand nimmt. Dadurch nährt man weiter Ängste, treibt die negative Wahrnehmung von Ausländer_innen voran und durch die Vermischung von ›inhaftierter Migrant = krimineller Migrant‹ rechtfertigt man, in einem endlosen Kreislauf, die Verschärfung der Maßnahmen im Kampf gegen die irreguläre Einwanderung, wie die Kriminalisierung der *Sans Papiers* und die Verstärkung der Kontrollen an den Grenzen. Die vorgeschützten Ziele – auslesen und abschieben – dürften in bestimmten Fällen nur Attrappen sein, hinter denen sich die wahre Funktion der Lager verbirgt, vor allem die ideologische und symbolische.

Im Falle Griechenlands kam die Ankündigung des Baus von Lagern für Migrant_innen, wie wir bereits festgestellt haben, weniger als zwei Monate vor den Wahlen, die die Regierungskoalition – zurecht – zu verlieren fürchtete. Es sei daran erinnert, dass die Wahlen vom 6. Mai 2012 die Türen des griechischen Parlaments erstmals einer offen neonazistischen Partei, Chrysi Avgi (Goldene Morgenröte), öffneten, die den Kampf gegen » niedere Rassen« zu einer ihrer Devisen gemacht hat und deren Anhänger nicht davor zurückschrecken, zur Tat zu schreiten und Einwander_innen anzugreifen. Es fällt schwer, das eine vom anderen zu trennen, vor allem, wenn man weiß, dass die Einweihung des ersten dieser Lager in Amygdaleza, im Nordosten von Athen, – wenige Tage vor der Wahl – von Erklärungen begleitet war, die eindeutig eine Wählerschaft ansprechen sollten, die den Lösungen der radikalen Rechten zugeneigt ist. Hatte man nicht, um die Praxis der massiven Inhaftierung von Migrant_innen zu rechtfertigen, vernehmen können, dass die Ausländerkriminalität »epidemische Ausmaße« angenommen habe? Nach Angaben des Polizeisprechers würden »70 Prozent der Gewaltdelikte« von Migrant_innen begangen. Laut apokalyptischer Beschreibungen in Medienberichten sei Athen zu nichts Geringerem als einer »Stadt der Angst« geworden.

Die israelische Regierung beschwor ebenfalls das Schreckgespenst der ›schmarotzenden Migrant_innen‹, um die Öffentlichkeit von der Notwendigkeit zu überzeugen, zwei Prozent des Budgets jedes Ministeriums für die Finanzierung des gigantischen »Gefängnisses für Afrikaner_innen« in der Wüste abzuzweigen. »Wir sind die einzige Wirtschaft der ›ersten Welt‹ in der Region«, erklärte ein Regierungssprecher Anfang 2012 im Bemühen, diesen aufgeblähten Schutz vor potenziellen Räubern zu rechtfertigen. Hier ist der Diskurs jedoch mit regionalen Besonderheiten angereichert. Hinter jedem Migranten und jeder Migrantin, und vor allem hinter jedem Flüchtling, kann sich der Feind verbergen, der die Gesamtheit Israels in Gefahr bringt. Die Politik des Inhaftierens ist eine Reaktion auf diese Gefahr, wie das vom Knesset verabschiedete Gesetz zeigt, das jede Person, die das Land über die Südgrenze zu betreten versucht, als »Eindringling« deklariert, der somit drei Jahre festgehalten werden darf – und länger, wenn die Person aus einem »feindlichen« Land wie dem Sudan kommt.

Im Zusammenhang mit der Ankündigung der Mauer entlang der ägyptischen Grenze macht die Ankündigung des Lagers von Ktzi'ot das Asylrecht zunichte. Sie setzt äußere Feinde mit jenen gleich, die vor Verfolgung fliehen. 2010 stammte mehr als die Hälfte der Menschen, die das Land auf irregulärem Wege betraten, aus Eritrea. Also aus einer Bevölkerungsgruppe, der anderswo in der Welt mehrheitlich der Flüchtlingsstatus zuerkannt wird und somit das Recht, sich niederzulassen. Nicht so in Israel, das 2010 nur drei Asylsuchenden Asyl gewährte und alle anderen als »illegale« Einwanderer einstufte. Zweifelsohne wird diese wenig großzügige Haltung einige entmutigen. Denen die kommen noch vor dem Zutritt das Gefängnis in Aussicht zu stellen ist ein weiterer Schritt in Richtung Abschreckung.

Lager zur Warnung

Im Hinblick auf Migrant_innen dienen die Abschiebelager als Instrument der Abschreckung – oder eher noch als Warnung. Und so lautet die zweite Botschaft hinter der extremen Vervielfachung ihrer Anzahl: Ihr im Herkunftsland sollt wissen, dass ihr über >Gefängnis< gehen müsst, bevor ihr eventuell euer Ziel erreicht. In diesem Kontext stören die Protestbewegungen in den Haftzentren – Hungerstreiks, Selbstverstümmelungen, Aufstände – die Behörden nur geringfügig; die Gefängnisse dienen als Sprachrohr über die Grenzen hinaus. 2008 kam es in einem der größten Asylverfahrenslager Frankreichs als Reaktion auf den Tod eines Inhaftierten zu einem Aufstand. Ein großer Teil des Gebäudes wurde in dem Brand vernichtet, der auf den Aufstand folgte, für den zehn Personen angeklagt und verurteilt wurden. Trotz seiner Tragweite verlief das Ereignis fast ungesehen, außer in Aktivist_innenkreisen – die wiederum, indem sie die Unmenschlichkeit der Behandlung von Ausländer_innen in Europa anprangerten, unfreiwillig an der Kommunikationsstrategie der Regierungen mitarbeiteten.

Das Ausmaß der Abschreckung sollte man dennoch nicht überschätzen: sie hat zweifelsohne einen schwachen Einfluss unter den vielen Faktoren, die die Routen von Migrant_innen bestimmen. Vor allem jedoch hat die Politik des Wegsperrens eine Gleichschaltungsfunktion: sie versetzt Migrant_innen in eine Situation der Unsicherheit und Ungewissheit hinsichtlich ihrer nächsten Zukunft, eine Situation, die durch Sprachbarrieren und Unsicherheit bezüglich der juristischen und zeitlichen Dimension noch verschlimmert wird – nur in den wenigsten Fällen wissen die Insassen, für wie lange oder gar aus welchen Gründen genau sie inhaftiert sind. Genau genommen werden in den Lagern die ungeschrieben Gesetze gemacht, denen das Leben als *Sans Papiers* folgt, das jenen winkt, die freikommen.

Lager als Verhandlungsmittel

Regierungen, die aus der Inhaftierung ein Schlüsselelement ihrer Migrationspolitik gemacht haben, können von einer weiteren Motivation getrieben werden, die uns bekannt vorkommen dürfte. In bestimmten Fällen erweisen sich Migrationshaftanstalten als zentraler Hebel in den Verhandlungen zwischen Staaten, die vorgeben, ihre Grenzen zu kontrollieren, und jenen, die sie dazu aufrufen, ihnen dabei zu helfen. Die kleine Insel Malta, zwischen den libyschen und italienischen Küsten gelegen, auf den Migrationsrouten zwischen Afrika und Europa, war ein Pionier auf diesem Gebiet. Das Land verbindet eine Tradition des systematischen Wegsperrens von Ausländer_innen mit ungeklärtem Aufenthaltsstatus (im Namen der öffentlich Ordnung) mit den Folgen der europaweiten »Solidarisierung« im Bereich der Asylpolitik, die es dazu verpflichtet, alle Asylbewerber_innen wieder aufzunehmen, die auf ihrem Weg in andere EU-Länder maltesischen Boden berührt haben.[52]

Die Entscheidung Maltas, alle Migrant_innen, die seit Anfang der 2000er Jahre auf der Insel anlegten, systematisch in geschlossene Haftanstalten zu sperren – Asylsuchende eingeschlossen –, folgt einem doppelten Ziel: Im Hinblick auf die Boatpeople, die die Küste erreichen, dient diese Praxis der Abschreckung, sie soll ihre kontinentalen Ambitionen schmälern und sie dazu bewegen, Malta als Etappe aus ihren Migrationsplänen zu streichen. Die einzige Art, die vielfachen Verletzungen der Rechte der Migrant_innen zu verhindern, angefangen beim Flüchtlingsrecht, wäre, ihre Aufnahmebedingungen zu verbessern, indem man diese den internationalen Normen anpasst. Das liegt jedoch nicht im Interesse Maltas, das die Lockerung der Schlinge fürchtet, die diese Verbesserung mit sich brächte. So erfüllen die Lager eine Hebelfunktion in den Verhandlungen mit den Institutionen der EU, die Malta 2004 aufnahm. Vor wie auch nach seiner Aufnahme in die EU wusste das Land seine Position als Vorposten Europas im Mittelmeer auszunutzen, damit die Behörden bei seiner zweifelhaften Behandlung der Einwanderungsfrage nicht allzu genau hinschauten. Die Situation auf Malta offenbart die Scheinheiligkeit der europäischen Politik, die sich mit den Rechtsverstößen abfindet, statt nach einer der Situation angemessenen Lösung zu suchen. Denn tatsächlich ist dieses Land, eines der kleinsten der Welt (circa 300 Quadratkilometer für 400.000 Einwohner_innen), nicht imstande, die Tausenden von Migrant_innen und Asylbewerber_innen aufzunehmen, die über maltesischen Boden reisen. Nur eine Lösung auf europäischer Ebene kann ihnen je nachdem entweder Schutz oder das für den Lebensunterhalt Notwendige bieten. Indem die EU

---

52 Mit Inkrafttreten der Dublin-Verordnung von 2003 ist in den meisten Fällen
    derjenige Staat für die Bearbeitung eines Asylantrags zuständig, über den der_die
    Asylbewerber_in in die EU gelangt ist, was insbesondere die Länder an den Außengrenzen des Schengenraums betrifft.

von Malta verlangt, dass es seinen Partnerländern als Festungsgraben dient und die Ausgewanderten festhält, die an seinen Küsten stranden, stiftet sie die maltesische Nationalregierung dazu an, sich für die Abschreckung um jeden Preis zu entscheiden.

Die Einrichtung einer Migrationshaftanstalt in Nouadhibou, Mauretanien, ist ein weiterer Beleg für die Wichtigkeit von Abschiebegefängnissen in den Beziehungen zwischen Einwanderungsländern und Auswanderungs- bzw. Transitländern. Bezeichnenderweise auf den Spitznamen »Guantanamito« getauft, wird das Lager regelmäßig von NGOs für die erbärmlichen Bedingungen angeprangert, unter denen die Migrant_innen dort leben müssen. Ohne jegliche rechtliche Grundlage in einem stillgelegten öffentlichen Gebäude eingerichtet, wurde das Lager 2006 eröffnet, um die Boatpeople aufzunehmen, die von Spanien zurückgeschoben oder – zur Zeit der massiven Abfahrten von *cayucos* von den westafrikanischen Küsten zu den Kanarischen Inseln – auf dem Meer abgefangen wurden, bevor man sie von Mauretanien an die Grenzen des Senegals oder Malis zurückverfrachtete. Betrieben wird die Einrichtung vom mauretanischen Roten Kreuz mit Unterstützung des Spanischen Roten Kreuzes, finanziert wird »Guantanamito« mit Geldern aus der europäischen Zusammenarbeit.

Nun ist Mauretanien, wo bei einer Arbeitslosenquote von mehr als 50 % nach wie vor viele Menschen in Armut leben und die Landbevölkerung hohen klimatischen Risiken ausgesetzt ist, eines der Länder, die hinsichtlich der Migrationspolitik direkt mit der EU zusammenarbeiten. Das ist jedoch nicht der einzige Grund, warum sich diese für Mauretanien interessiert. Als »wichtiger Partner der EU auf geographischer, wirtschaftlicher und sicherheitspolitischer Ebene« bezeichnet, steht das Land in Wirklichkeit aus wirtschaftlichen Erwägungen im Bereich der Fischerei im Fokus: das Partnerschaftsabkommen zwischen der EU und Mauretanien im Fischereisektor ist das wichtigste von allen Abkommen mit afrikanischen Ländern. Es erlaubt Booten von Mitgliedsstaaten der EU im Gegenzug für finanzielle Abgaben, in mauretanischen Gewässern zu fischen. Da es darüber hinaus Gelder aus dem Programm des Europäischen Entwicklungsfonds erhält, muss das Land die Fähigkeit unter Beweis stellen, »die Migrationsströme zu kontrollieren«, was ein Indikator für sein »Governance-Profile« ist, um die institutionelle Wortwahl zu übernehmen. Weitere Indikatoren sind der Respekt der Menschenrechte und die Rechtsstaatlichkeit, auf deren Basis die finanzielle Hilfe der EU außerdem evaluiert wird. Eine

Win-Win-Politik, die in Mauretanien wie in anderen der EU verpflichteten Partnerländern nur den Anreiz schaffen kann, aus Migrationslagern ein Tauschmittel zu machen.

Anderswo einsperren, die Logik der Auslagerung der Grenzkontrollen

Der Fall des mauretanischen »Guantanamito« ist bei Weitem kein Einzelfall. Von einer lokalen Organisation betrieben, aber mit europäischen Geldern finanziert und de facto unter spanischer Verwaltung, ist er charakteristisch für das Bestreben der Europäische Union, Migrant_innen auf immer größerer Distanz zu halten. Dabei ist die Auslagerung von Haftanstalten für Ausländer_innen weder neu noch europaspezifisch. Anfang der 1990er Jahre wurden auf der amerikanischen Marinebasis Guantanamo auf der Insel Kuba und sogar an Bord eines großen vor der jamaikanischen Küste geankerten Marineschiffs über fünf Jahre hinweg auf See abgefangene haitianische Boatpeople von der amerikanischen Regierung festgehalten. Ziel war es, ihren Status festzustellen, bevor man sie entweder auf amerikanischen Boden ließ oder – in der Mehrheit der Fälle – zurückschob.

Australien erfand 2001 die *Pacific solution*: die Unterbringung von Asylbewerber_innen in benachbarten (Zwerg)Staaten, wo sie während der Bearbeitungszeit ihres Antrags festgehalten wurden. Im Falle einer Ablehnung des Asylgesuchs wurden die Menschen abgeschoben, ohne jemals einen Fuß auf australisches Staatsgebiet gesetzt zu haben. Tony Blair, ehemaliger britischer Premierminister, bezog sich explizit auf das australische System, als er 2003 seinen europäischen Partner_innen die Schaffung von »Transit Processing Centers« (Transit- und Bearbeitungszentren) in Regionen, die Asylbewerber_innen auf dem Weg nach Europa durchqueren, vorschlug. Die Idee sah vor, jede Person, die versuchte, die europäische Grenze irregulär zu überschreiten, dort unterzubringen.

Wenngleich sie nicht formell angenommen wurde, zeugt die Entstehung von immer mehr Migrationsgefängnissen in den Nachbarländern, die sich an der Einwanderungspolitik der EU beteiligen, davon, dass die Idee an Boden gewinnt. In der Ukraine wie in den meisten Ländern an der Ostgrenze der EU ist die Finanzierung von Lagern in den von Brüssel ausgehandelten Partnerschaftsabkommen vorgesehen. Das Outsourcing der Inhaftierung, das den Mitgliedsstaaten der EU den Umgang mit *Sans Papiers* erspart, ist von doppeltem Vorteil: Auf der einen Seite gerät die schlechte Behandlung, der Migrant_innen häufig in den Ländern ausgesetzt sind, in denen die Standards niedriger sind als in Europa, aus dem Blickfeld der Öffentlichkeit. Europa wiederum erlaubt, dass Verpflichtungen nicht eingehalten werden, die europäische Gesetze mit sich brächten. Auf der anderen Seite verstärkt es die Abhängigkeitsbeziehung der EU mit ihren nächsten Nachbarn, indem es zur diplomatischen Mauschelei beiträgt. Die Logik lässt an den Transfer von islamistischen Gefangenen, die im Verdacht standen, Verbindungen zur Al-Qaida zu haben, zu Geheimgefängnissen in Osteuropa und vor allem im Maghreb durch den amerikanischen Geheimdienst nach dem 11. September denken. Dort wurden sie ohne juristischen Beistand festgehalten und befragt und entgegen der Regeln des US-amerikanischen Gefängnissystems misshandelt und gequält. Dabei ist dieselbe Logik am Werk: Wie im Falle der Geheimgefängnisse der CIA lagert man mit den Verfahrenslagern an den Rändern Europas Orte der Verbannung und Gesetzlosigkeit in politisch oder wirtschaftlich abhängige Länder aus.

Dieses Aus-dem-Blickfeld-Entfernen passt zu einer generell von der EU verfolgten Strategie der Externalisierung der Einwanderungskontrollen. Die 2004 begonnene, in der Behördensprache als »externe Dimension« der europäischen Asyl- und Einwanderungspolitik bezeichnete Vorverlagerung der Kontrollen besteht für die europäischen Staaten darin, die Überwachung ihrer Außengrenzen auf ihre Nachbarstaaten abzuwälzen. Letztere sollten dabei auf ihre Kosten kommen, im Gegenzug für ihre Anstrengungen verspricht man die Finanzierung von Kooperationsaktionen oder politische und diplomatische Entschädigungen. Doch in den meisten Fällen haben sie weder die materiellen Möglichkeiten noch den gesetzlichen Rahmen noch den politischen Willen, die Rolle des Grenzwächters einzunehmen, die man ihnen zuweist. Hinter immer engere Grenzen verwiesen, sind die großen Verlierer des Vorhabens die Exilierten, Migrant_innen, Asylsuchenden, und all jene, die der Zufall auf der falschen Seite des Planeten hat zur Welt kommen lassen, gezwungen, immer größere Risiken einzugehen, um auf die andere Seite zu kommen.

Dangerous Crossings to the South of the EU

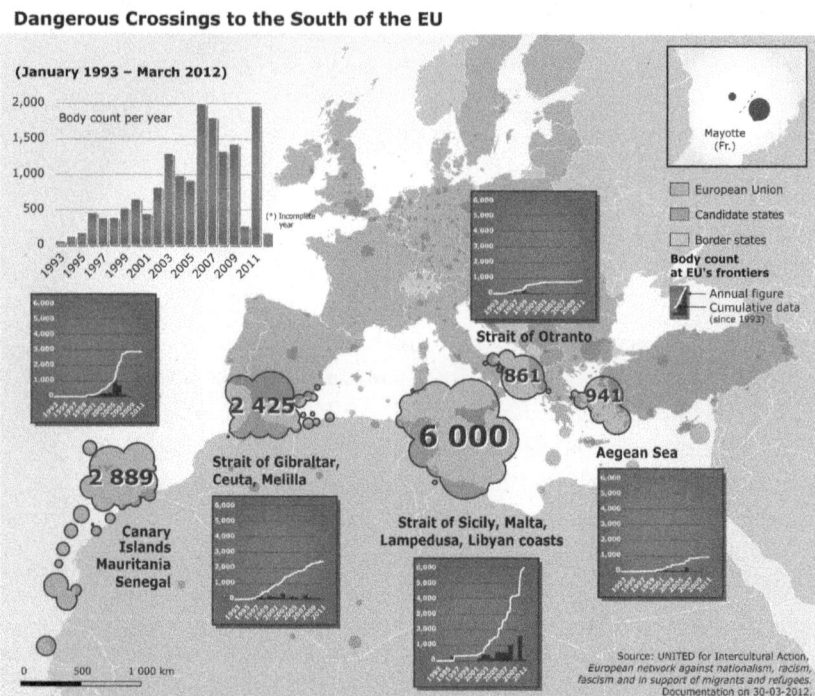

(January 1993 – March 2012)

Body count per year

(*) Incomplete year

Mayotte
(Fr.)

European Union
Candidate states
Border states

**Body count
at EU's frontiers**
Annual figure
Cumulative data
(since 1993)

Strait of Otranto

861

941

2 425

6 000

2 889

Canary
Islands
Mauritania
Senegal

Strait of Gibraltar,
Ceuta, Melilla

Strait of Sicily, Malta,
Lampedusa, Libyan coasts

Aegean Sea

0   500   1 000 km

Source: UNITED for Intercultural Action,
European network against nationalism, racism,
fascism and in support of migrants and refugees.
Documentation on 30-03-2012.

© Nicolas Lambert in Migreurop (2013) *Atlas of migration in Europe. A critical geography of migration policies*, Oxford, New Internationalist, 150 p.

Fazit
Die anderen Kosten der Kontrollen

Die Aufschlüsselung der Logiken, die der Einrichtung von Einwanderungskontrollen zugrunde liegen, könnte glauben machen, diese erzeugten nur Gewinne, sei es politischer, ideologischer oder natürlich wirtschaftlicher Art. Doch man sollte nicht ihre Kosten vergessen. Das Sicherheitsdenken in der Migrationspolitik wiegt schwer in den Staatshaushalten. Eine Bilanz der direkten und indirekten Ausgaben im Zusammenhang mit der Grenzüberwachung, der Inhaftierung von Migrant_innen, ihrer Abschiebung und generell dem Management der Grenzkontrollen steht noch aus. Sie könnte Gegenstand eines weiteren Buches sein. Das Vorliegende möchte ich mit Verweis auf die wichtigeren und zweifelsohne weniger bekannten Kosten abschließen: den menschlichen Kosten der Verriegelung der Grenzen. Gewalt, Vergewaltigungen, Erpressung, Freiheitsberaubung, Hunger und Durst, Krankheit, sexuelle Ausbeutung und Zwangsarbeit gehören zum Alltag all jener, die, zur Auswanderung gezwungen, aufgrund der Multiplikation der Kontrollen keine andere Wahl haben, als die legalen Wege der Einwanderung zu umgehen. Nicht selten wartet am Ende der Reise der Tod. Die von einigen NGOs erhobenen Zahlen über die während ihrer Auswanderung gestorbenen Flüchtlinge sind bis heute die einzig verfügbaren Quellen, um sich die Dimensionen der Situation vor Augen zu führen, die sich exponentiell zur Verschärfung der Kontrollen verschlimmert. Die nebenstehende Karte, die auf Grundlage dieser Daten erstellt wurde, gibt einen Eindruck über diese Realität auf europäischer Ebene.

Wenn sie nicht komplett ignoriert werden, behandeln die Medien und politischen Verantwortlichen die menschlichen Dramen der irregulären Migration bestenfalls aus dem Blickwinkel des Mitgefühls. Im Allgemeinen wird das Unwissen jener, die unglaubliche Risiken eingehen, um den Kontrollen zu entgehen bedauert oder, häufiger noch, mit dem Finger auf die Schleuser und Menschenhändler als alleinige Verantwortliche gezeigt. Es ist an der Zeit, sich über die Scheinheiligkeit dieser Rhetorik, die wahren Interessen hinter den Einwanderungskontrollen und ihre Effektivität in Anbetracht der dramatischen Folgen bewusst zu werden.

Glossar

7. Forschungsrahmenprogramm (FP7) der Europäischen Kommission:
Das zentrale Finanzierungsinstrument für transnationale Forschung
auf europäischer Ebene, in dessen Rahmen auf Grundlage von
Ausschreibungen Subventionen geleistet wurden, um Forschungs-,
Technologieentwicklungs- und Pilotprojekte mitzufinanzieren. Das
7. EU-Forschungsrahmenprogramm ist am 31.12.2013 ausgelaufen
und wurde durch das neue EU-Rahmenprogramm für Forschung und
Innovation, Horizont 2020, ersetzt.

Aerovisión: Ein zum spanischen Teil des Thales-Konzerns gehörendes
Unternehmen, das auf den Bau von Drohnen spezialisiert ist.

Agdref: Relativ kurz für *L'application de gestion des dossiers des ressortissants
étrangers en France*, eine Software des französischen Innenministeriums,
in dem alle Daten über Ausländer_innen in Frankreich zentral erfasst
werden.

AMASS: Kurz für *Autonomous Maritime Surveillance System*. AMASS
war ein Programm, das die maltesische Armee, Privatkonzerne und
Wissenschaftler_innen zusammenbrachte, um mit Infrarotkameras
und Hydrophonen (Unterwassermikrophonen) ausgestattete Bojen zu
entwickeln.

American Legislative Exchange Council (ALEC): Ein als Non-Profit-
Organisation anerkannter Verein, in dem Lobbyisten und Vertreter_
innen der US-amerikanischen Legislative (vor allem konservative
Politiker_innen) gemeinsam Gesetzesvorlagen erarbeiten.

Amper: Multinationales Sicherheitsunternehmen mit Sitz in Spanien.

Cayucos: Aus dem Spanischen. Gemeint sind in diesem Kontext
Fischerboote, die von afrikanischen Migrant_innen für die Flucht nach
Europa genutzt werden.

Corrections Corporation of America (CCA): Ein in Tennessee ansässiges
US-amerikanisches Privatunternehmen, das auf Leitung und Betrieb
von privaten Gefängnissen spezialisiert ist.

Cimade: Eine französische NGO, die Migrant_innen, Geflohenen und
Asylsuchenden juristische Hilfe anbietet und sich für den Schutz der
Menschenrechte einsetzt.

EADS: Kurz für *European Aeronautic Defence and Space Company*, heute Airbus Group. Europas größter Luft- und Raumfahrtkonzern und zweitgrößtes Rüstungsunternehmen.

Elbit Systems: In Haifa ansässiger israelischer Luft-, Raumfahrt- und Rüstungskonzern.

ESRIF: Kurz für *European Security Research & Innovation Forum*. Ein auf Initiative der Europäischen Kommission gegründetes Forum, das Vertreter_innen von Industrie, öffentlichen und privaten Kunden, Forschungsinstituten und Universitäten mit dem Ziel vereint, eine Sicherheitsforschungsagenda zu erarbeiten.

Eurodac: Eine Datenbank, in der Fingerabdrücke von Asylbewerber_innen und ›Illegalen‹ gespeichert werden. Ursprünglich eingerichtet, um festzustellen, welcher EU-Staat für das Asylgesuch zuständig ist, stehen die Daten seit 2012 auch Polizeibehörden zur Verfügung.

Eurosur: Ein europäisches System der Grenzüberwachung, das die Kontrollen an den Außengrenzen des Schengenraums durch Zusammenschaltung der Überwachungsinstrumente der EU-Mitgliedsstaaten verstärken soll.

Finmeccanica: Einer der größten Industriekonzerne Italiens, wo das Unternehmen Marktführer im Hightechsektor ist.

G4S: Eines der größten Sicherheitsunternehmen der Welt mit Sitz in England.

General Atomics: Ein US-amerikanisches Hightech-Unternehmen, vor allem in den Bereichen der Kernenergie und Militärtechnik aktiv.

GEO Group Inc: Auf Leitung und Betrieb von privaten Gefängnissen und psychiatrischen Einrichtungen spezialisiertes US-amerikanisches Unternehmen.

Gepsa: Ein französisches Unternehmen, das Dienstleistungen im Bereich der Verwaltung von Haftanstalten anbietet.

Global Comms & Consultig LTD (GCC): Ein auf Telekommunikation spezialisiertes britisches Unternehmen, das unter anderem Gefängnisse und Asylbewerberheime mit überwachten Telekommunikationssystemen ausstattet.

GoP (Gruppe von Persönlichkeiten): Englisch »Group of Personalities«, eine Gruppe die EU- Kommissare und Repräsentant_innen von EU-Institutionen und Forschungsinstituten mit Vertreter_innen von acht Verteidigungs- und Sicherheitsfirmen zusammenbrachte, um Richtlinien für die europäische Sicherheitsforschung zu erarbeiten.

Hera: Eine im Jahr 2011 im Seegebiet zwischen Westafrika und den Kanarischen Inseln durchgeführte Frontex-Operation.

Highground Consultants: Eine im US-Bundesstaat Arizona ansässige Berater- und Lobbygruppe.

IAI (Israel Aerospace Industry): Eine israelische Flugzeugbaufirma, die zu den Weltmarktführern bei Bau und Entwicklung von Drohnen gehört.

Indra: Multinationales Technologieunternehmen, unter anderem auf dem Sicherheitsmarkt tätig, mit Sitz in Spanien.

Ktzi'ot: Eine israelische Haftanstalt in der Negev-Wüste

Lockheed Martin: Auf militärische und zivile Luft- und Raumfahrt spezialisierter US-amerikanischer Rüstungs- und Technologiekonzern.

Minerva: Eine Frontex-Operation aus dem Jahr 2012, bei der illegale Migrant_innen zwischen den Marokkanischen und Algerischen Küsten und Südspanien abgefangen werden sollten.

Mitie Care and Custody: Auf Outsourcing spezialisiertes britisches Unternehmen, das unter anderem Abschiebegefängnisse im Auftrag des britischen Innenministeriums betreibt.

Nautilus: Eine Frontex-Operation zum Abfangen und Zurückschieben von aus Libyen kommenden Flüchtlingsbooten.

OPARUS: Kurz für *Open Architecture for UAS based Surveillance System* (Offene Architektur für ein auf ferngesteuerten unbemannten Flugobjekten basierendes Überwachungssystem), eine im Rahmen des 7. Forschungsrahmenprogramms der EU erstellte Studie zur Nutzung von Drohnen für die Überwachung der EU-Außengrenzen.

Parafes: Kurz für *Passage Automatisé Rapide aux Frontières Extérieures*, deutsch: Automatisierter schneller Durchgang an den Schengen-Außengrenzen. Ein am französischen Flughafen Roissy-Charles-de. Gaulle eingesetztes System zum eigenständigen Scannen des Ausweises und der Fingerabdrücke.

Poseidon: Von 2011 bis 2012 durchgeführte Frontex-Operation mit dem Ziel der Bekämpfung illegaler Migration von der Türkei und Nordafrika nach Griechenland.

Reliance Secure Task Management: Ein unter anderem auf die Durchführung von Abschiebungen und Gefangenentransporten spezialisiertes britisches Privatunternehmen, zu dessen Kunden der britische Grenzschutz, das britische Justizministerium und Polizeieinheiten gehörten. 2012 wurde das Unternehmen von dem Konzern Capita übernommen.

Schengener Abkommen: Zwischen einem Großteil der Mitgliedsstaaten der EU geschlossene multilaterale Verträge, die insbesondere die Abschaffung der Grenzkontrollen an den Binnengrenzen der EU beinhalteten.

SDA (Security and Defence Agenda): Ein Brüsseler Thinktank, der sich aus Vertreter_innen von NATO und EU, nationalen Regierungen und Parlamenten sowie Vertreter_innen von Industrie, Universitäten und Medien zusammensetzt

Serco: Ein britisches Dienstleistungsunternehmen, das alle möglichen vormals öffentlichen Aufgaben für Staaten übernimmt – vom Management von Krankenhäusern über die Instandhaltung von militärischen Gerät bis hin zum Betreiben von Abschiebegefängnissen.

SIVE: Ein hochentwickeltes Überwachungsdispositiv, das Wachtürme, mobile Radargeräte und Patrouillenboote, umfasst.

Sodexho Marriott: Heute Sodexo. Ein französisches Unternehmen, das auf Verpflegung und Facilitymanagement von beispielsweise Behörden, Krankenhäusern, Schulen, Militärbasen und Gefängnissen spezialisiert ist.

Thales: Multinationaler Konzern auf den Märkten Transport, Militärtechnik, Sicherheit, Luft- und Raumfahrt. Der französische Staat hält über eine Holdinggesellschaft gut ein Viertel der Anteile am Unternehmen.

Literaturverzeichnis

»Sécurité globale: un marché en plein essor«, TTUonline, Lettre d'informations stratégiques et de défense, 16. November 2009, <http://www.ttu.fr>.

»Selon Brice Hortefeu, 70% des camps illégaux de Roms ont été évacués«, lemonde.fr/AFP, 18. Februar 2011.

Ben Hayes: »NeoConopticon. The EU-security complex«, Bericht von Statewatch und dem Transnational Institute, 2009.

Birnberg Peirce & Partners: »Medical Justice and the National Coalition of Anti-Deportation Campaigns«, in: Outsourcing Abuse, Juli 2008.

Christine Bacon: »The Evolution of Immigration Detention in the UK. The Involvement of Private Prison Companies«, RSC Working Paper n°27, September 2005, University of Oxford.

Depesche der französischen Nachrichtenagentur AFP, 9. September 2006.

Depesche der französischen Nachrichtenagentur AFP, 2. September 2010.

Depesche der französischen Nachrichtenagentur AFP, 12 Mai 2012.

Didier Bigo: »Sécurité et immigration: vers une gouvernementalité par l'inquiétude?«, in: Cultures & Conflits, n°31-21, 1998.

Emanuella Poletti/Ferruccio Pastore: »Sharing the dirty job on the Southern front? Italian-Libyan relations on migration and their impact on the European Union«, Working Paper, International Migration Institute, Dezember 2010.

Emmanuel Blanchard/Anne-Sophie Wender: »Guerre aux migrants. Le livre noir de Ceuta et Melilla«, Syllepse, Paris, 2007.

Evelyne Ritaine: »La barrière et le checkpoint. Mise en politique de l'asymétrie«, in: Cultures & Conflits, n°73, 2009.

GEO Group: »Quarterly report pursuant to section 13 or 15(d) of the Securities Exchange Act of 1934, for the quarterly period ended september 27, 2009«.

Guido Friebel/Sergueï Guriev: »Un bon plan pour les passeurs«, Le Monde, 20. November 2006.

Groupe de personnalités dans le domaine de la recherche en matière de sécurité: »La recherche pour une Europe sûre«, 2004, <www.src09.se>.

Human Rights Watch: »Stemming the flow. Abuses against migrants, asylum seekers and refugees«, in: Human Rights Watch, vol. 18, n° 5, September 2006.

Jean-François Bayart: »Le piège de la lutte anti-terroriste en Afrique de l'Ouest«, 28. Juli 2010, <http://blogs.mediapart.fr/blog/jean-francois-bayart>.

Kris W. Kobach: »Why Arizona Drew a Line«, The New York Times, 29. April 2010.

Laurent Mucchielli: »Chiffres invérifiables, amalgames et contre-vérités sur les Roms. Un scandale d'État?«, 2. September 2010, <www.laurent-mucchielli.org>.

Mathieu Bietlot: »Le camp, révélateur d'un elogique inquiétante de l'étranger«, Cultures et Conflits, n°57, 2005.

Michaël Szadkowski: »Les gens du voyage assurent que le démantèlement des camps visait les Roms«, lemonde.fr, 23. September 2010.

Perez Pujazón: »SIVE, a pioneer maritime border surveillance system. What is beyond?«, INDA, März 2009, <ec.europa.eu>.

Stefano Liberti: »L'odissea dei rimpatriati dalla Libia«, Il Manifesto, 6. Juli 2006.

Wendy Brown: »Murs. Les murs de séparation et le déclin de la souveraineté étatique«, in: Les Prairies ordinaires, Paris, 2009.

Quellenverzeichnis

Assemblée nationale, »Rapport d'information n°2127 déposé en application de l'article 145 du Règlement par la Commission de la défense nationale et des forces armées sur les drones«, 1. Dezember 2009.

Europäische Kommission, »Mitteilung der Kommission an das Europäische Parlament, den Rat, den Europäischen Wirtschafts- und Sozialausschuss und den Ausschuss der Regionen – Prüfung der Schaffung eines Europäischen Grenzkontrollsystems (EUROSUR)«, 13. Februar 2008.

Mitteilung der Kommission an den Rat, das Europäische Parlament, den
Europaischen Wirtschafts- und Sozialausschuss und den Ausschuss der
Regionen – Sicherheitsforschung: Die nächsten Schritte, 7. September
2004.

Pressemitteilung der Europäischen Kommission: »Außengrenzenfonds
2007-2013 – Spanien«, 1. Dezember 2008.

Internetseiten

www.cipamericas.org

www.iom.int

www.thinkprogress.org

assoziation Linker Verlage

In der *Assoziation Linker Verlage* sind Kleinverlage mit politisch engagiertem Programm zusammengeschlossen. Seit 1994 koordinieren wir Werbung und Vertrieb und sparen auf diese Weise Geld und Zeit, sodass mehr Ressourcen für unsere eigentliche Aufgabe verbleiben: das Büchermachen.

Die *aLiVe*-Verlage verstehen sich als Teil der linken Gegenöffentlichkeit. Wir bieten kritischen Köpfen und sozialen Bewegungen ein Forum, politische Ideen vorzustellen, in die Gesellschaft zu tragen und kontrovers zu diskutieren. Deshalb arbeiten wir eng mit sozialen Bewegungen zusammen, greifen ihre Themen auf, begleiten aktuelle Debatten, diskutieren auf Demos, Tagungen und Kongressen.

In der Assoziation Linker Verlage arbeiten zusammen:

AG SPAK Bücher
www.agspak-buecher.de

Neuer ISP Verlag
www.neuerispverlag.de

Alibri Verlag
www.alibri.de

Schmetterling Verlag
www.schmetterling-verlag.de

Edition Assemblage
edition-assemblage.de

Trotzdem Verlag
www.trotzdem-verlag.de

Verlag Edition AV
www.edition-av.de

Unrast Verlag
www.unrast-verlag.de

Assoziation Linker Verlage ◆ www.alive-verlage.de

Maureen Maisha Eggers, Grada Kilomba,
Peggy Piesche, Susan Arndt (Hg.)

Mythen, Masken und Subjekte

Kritische Weißseinsforschung in Deutschland

552 Seiten | 24.00 Euro | ISBN 3-89771-440-X

Für den hiesigen Kontext einzigartig geht dieser Band
auf die kritische Auseinandersetzung mit der Kategorie Weißsein aus einer Schwarzen Perspektive als kon-
zeptioneller Schwerpunkt ein und würdigt damit den
enormen und durchaus nachhaltigen Einfluss Schwar-
zer Menschen und People of Color in Wissenschaft
und Kunst, die bereits seit geraumer Zeit mit einem hegemonialkritischen Fokus im
Diskurs um Ethnisierung und Rassifizierung arbeiten.

Mit seinem Fokus auf die Subjekte rassistischer Herrschaft entwirft das Buch neue
kritische Perspektiven auf Debatten um Kolonialismus, Rassismus, Feminismus und
Postkolonialiät. die deutsche Dominanzkultur und schafft zugleich einen schützen-
den Raum für alles Zwischenmenschliche.

Kien Nghi Ha, Nicola Lauré al-Samarai,
Sheila Mysorekar (Hg.)

re/visionen

Postkoloniale Perspektiven von People of Color auf
Rassismus, Kulturpolitik und Widerstand in Deutschland

456 Seiten | 24.00 Euro | ISBN 978-3-89771-458-8

Selbstbestimmte Räume und solidarische Visionen
werden sichtbar, welche die rassistische Logik des
Teilens und Herrschens herausfordern und auf grenz-
überschreitende Identitäten und Bündnisse zielen.

Die politischen Analysen, literarischen Essays, Glossen sowie Gespräche verweisen
auf eine große Bandbreite von Ausdrucksformen. Zu Wort kommen Theoretiker/-
innen, Aktivist/-innen und Kulturarbeiter/-innen. Ihre Standpunkte sind viel-
schichtig und unterschiedlich, doch verbindet sie ein gemeinsamer gesellschaftlicher
Ausgangspunkt: Alle vermessen, von diversen rassifizierten Subjektpositionen aus,
den dominanten Mainstream in neuer Weise.

UNRAST Verlag • Postfach 8020 • 48043 Münster

www.unrast-verlag.de • E-Mail: info@unrast-verlag.de

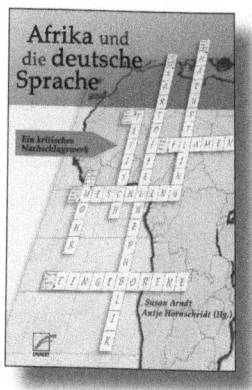

Susan Arndt und Antje Hornscheidt (Hg.)

Afrika und die deutsche Sprache

Ein kritisches Nachschlagewerk

2. Auflage | 266 Seiten | 16.00 € | ISBN 3-89771-424-8

»Wer sich für das Gewordensein von Sprache, ihre historischen Bedingungen und Kontexte, interessiert, für den ist Arndts und Hornscheidts Text allerdings Pflichtlektüre. Neben der versierten und überaus wichtigen ideologiekritischen Schelte für selbstverständlich gewordene Begriffe bieten die Autorinnen nämlich auch konkrete Alternativen zum tendenziösen Sprachgebrauch.«

Judith Reker | SPIEGEL ONLINE

»Der Band (...) regt an, die eigene Sprache zu hinterfragen und sensibler mit ihr umzugehen.«

Thomas Mösch | Deutschlandfunk

Susan Arndt (Hg.)

AfrikaBilder

Studien zu Rassismus in Deutschland

200 Seiten | 14.00 € | ISBN 3-89771-028-5

Studienausgabe

„Rassistische Denkmuster und Verhaltensweisen lassen sich keineswegs nur auf die Zirkel organisierter Rechtsextremisten reduzieren, sondern spiegeln sich in Politik und Medien, im öffentlichen und privaten Leben, so die provokante These von Susan Arndt. Die an der Humboldt-Universität tätige Afrika-Wissenschaftlerin dokumentiert mit dem von ihr herausgegebenen, fundierten und doch einer breiten Leserschaft anschaulichen Buch, wie sehr Stereotypen über Afrika und seine Bewohner die Projektionsflächen unserer Ängste und Sehnsüchte sind. Gerade deswegen stehen sie einer Auseinandersetzung mit der Vielfalt afrikanischer Gesellschaften diametral entgegen.

Überzeugend illustrieren drei Themenschwerpunkte mit insgesamt dreiundzwanzig Beiträgen die Komplexität des Problems (...)"

Rita Schäfer | Frankfurter Rundschau

UNRAST Verlag • Postfach 8020 • 48043 Münster

www.unrast-verlag.de • E-Mail: info@unrast-verlag.de